KB190524

복 있는 사람

오직 여호와의 율법을 즐거워하여 그 율법을 주야로 묵상하는 자로다.
저는 시냇가에 심은 나무가 시절을 좇아 과실을 맺으며 그 잎사귀가 마르지 아니함 같으니
그 행사가 다 형통하리로다. (시편 1:2-3)

'6.25 이후 부모보다 못사는 최초의 세대'라는 제목의 글을 읽은 적이 있습니다. 우리나라 젊은이들의 어려운 현실을 함축적으로 표현한 글이기에 마음이 아팠습니다. 이런 힘든 시대를 사는 젊은이들을 말씀으로 위로하고 권면하는 책이 나와서 감사한 마음입니다. 저자인 박영돈 교수는 신학교 강의는 물론이고 페이스북을 통해서도 젊은이들에게 도전과 영감을 전하는 분이기에 기쁨으로 추천합니다.

이찬수 분당우리교회 담임목사

민감한 20대의 나이에 내수동 언덕에서 존경하는 귀한 선배들을 만났고, 사랑스러운 동생들을 만났습니다. 하나님을 사랑하고, 말씀에 헌신하며, 서로를 피붙이처럼 사랑했던 시절의 감격은 그 후 30여 년의 세월을 끊임없이 흐르며 제게 도전과 위로, 격려와 자극을 반복해서 공급해 줍니다. 오늘 이 땅을 사는 젊은이들을 위한 박영돈 교수의 이 작은 책이 청년들의 심령에 그와 같이 사용되어 생수의 강이 영원토록 흘러나오게 하는 복되고 귀한 책이 되기를 바라며, 즐거운 마음으로 추천합니다.

화종부 남서울교회 담임목사

박영돈 교수는 한국 교회에서 성령론을 누구보다 명료하게 가르치는 신학자로 알려져 있습니다. 이 책은 저자의 신학적 통찰이 삶의 신학에까지 깊고 넓게 침투해 있음을 보여줍니다. 삶의 의미가 무엇이며 삶에서 가장 소중한 것이 무엇인지 저자는 성경을 토대로 진솔하게 풀어 줍니다. 젊은 그리스도인들뿐만 아니라 신앙의 연륜이 깊은 성도님들도 크게 유익을 얻을 책입니다. 마음으로 추천합니다.

강영안 서강대학교 철학과 명예교수

별들이 더 어두워지기 전에

별들이 더 어두워지기 전에

2017년 1월 31일 초판 1쇄 발행
2021년 6월 7일 초판 5쇄 발행

지은이 박영돈
펴낸이 박종현

(주) 복 있는 사람
주소 서울특별시 마포구 연남동 246-21(성미산로23길 26-6)
전화 02-723-7183(편집), 7734(영업·마케팅)
팩스 02-723-7184
이메일 hismessage@naver.com
등록 1998년 1월 19일 제1-2280호

ISBN 978-89-6360-213-4 03230
이 도서의 국립중앙도서관 출판예정도서목록(CIP)은
서지정보유통지원시스템 홈페이지(http://seoji.nl.go.kr)와 국가자료공동목록시스템
(http://www.nl.go.kr/kolisnet)에서 이용하실 수 있습니다. (CIP 제어번호:2017001488)

별들이
더
어두워지기
전에

박영돈

복 있는 사람

너는 청년의 때에 너의 창조주를 기억하라

해와 빛과 달과 별들이 어둡기 전에
비 뒤에 구름이 다시 일어나기 전에

우리 젊은이들이 참으로 시리고 아픈 세월을 지나고 있습니다. 그들의 마음을 무엇보다 힘들게 하는 것은 그들이 본받고 존경할 만한 어른이 희귀한 현실일 것입니다. 이 나라와 교회를 이 지경에 이르게 하는 데 일조한 기성세대의 한 사람으로서 젊은이들에게 부끄럽고 미안한 마음을 금할 수 없습니다. 그들에게 할 말을 잃었습니다.

다만 못난 우리 기성세대를 반면교사로 삼아 개혁의 의지와 열망을 불태우는 젊은 세대가 일어나기를 소망해 봅니다. 따를 스승이 없는 시대, 존경할 만한 어른이 없는 시대일수록 우리의 유일한 선생이신 그리스도께서 그의 얼굴빛을 복음을 통해 더욱 선명하게 비추십니다. 주님의 얼굴빛 가운데 그의 형상으로 변화된 새로운 세대를 일으키십니다. 이런 영적인 돌연변이가 역사를 변혁하며 교회를 새롭게 하는 하나님의 기이한 섭리입니다. 그래서 암울한 때는 그 시대의 아픔뿐 아니라 특별한 사명과 비전이 함께 주어지는 시기입니다.

이 책에서 저는 이 비전을 함께 나누려고 합니다. 우리가 잃어버린 참된 그리스도의 얼굴을 어떻게 회복할 수 있는지 고민해 보려고 합니다. 이 책을 읽는 모든 분들에게 주님의 얼굴 빛이 비치기를 소망합니다.

이 책의 내용은 3년 전 SFC 전국 대학생 여름 수련회에서 전했던 메시지를 기초로 한 것입니다. 이 책의 출간에 관심을 가지고 힘써 주신 복 있는 사람 출판부에 감사드립니다.

2017년 1월
박영돈

차례

곤고한 날이
이르기 전에

01

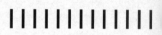

청년이여 네 어린 때를 즐거워하며 네 청년의 날들을 마음에 기뻐하여 마음에 원하는 길들과 네 눈이 보는 대로 행하라 그러나 하나님이 이 모든 일로 말미암아 너를 심판하실 줄 알라 • 그런즉 근심이 네 마음에서 떠나게 하며 악이 네 몸에서 물러가게 하라 어릴 때와 검은 머리의 시절이 다 헛되니라 • 너는 청년의 때에 너의 창조주를 기억하라 곧 곤고한 날이 이르기 전에, 나는 아무 낙이 없다고 할 해들이 가깝기 전에   전도서 11:9-12:1

IIIIIIIIIIIII

젊음을 맘껏 즐겨라

우리 민요 중에 "노세 노세 젊어서 노세, 늙어지면 못 노나니"라는 노래가 있습니다. 덧없는 인생, 젊은 날도 금방 지나가니 젊어서 실컷 놀자는 것이지요. 이 노래 가사가 세상 사람들이 가진 허무한 인생관을 잘 대변해 줍니다. 얼핏 보면 전도서의 말씀도 그와 비슷한 인생관을 말하고 있는 것 같습니다. 청년의 때가 헛되고 덧없으니, 네 젊음의 때를 즐기라고 말합니다.

그러나 다른 점이 있습니다. 세상의 허무주의 인생관은 곧 죽을 것이니 이생을 즐기자고 하지만, 전도자는 우리 인생은 죽음으로 끝나는 것이 아니라 그 후에 심판이 있으며, 젊은 날 우리가 행한 모든 것을 하나님께서 심판하실 것이라고 말합니다. 젊은 날을 즐기라고 해놓고는 그 모든 것을 심판하신다고 하니, 잔뜩 신났다가 그만 김빠지게 하는 말씀 같습니다. 그럼 도대체 어쩌란 것일까요? 젊음을 즐기라는 말일까요? 아니면 심판이 있으니 그렇게 살아서는 안 된다는 말일까요?

젊은 날을 즐기라는 말씀과 그 모든 것을 심판하신다는 말씀은 미묘한 역학 관계를 이루고 있습니다. 심판이 있다는 말씀이 젊음을 즐기라는 말씀을 부정하는 것이 아니라, 오히려 그 의미를 온전하게 합니다. 우리에게 심판이 있다는 사실을 상기시켜 줌으로써 젊음의 즐거움을 앗아 가려는 것이 아니라, 우리를 방종에 빠지지 않고 진정한 즐거움을 누리는 삶으로 인도하려는 것이지요.

즐기지 않은 것에 대한 심판

전도자는 쾌락주의를 거부할 뿐 아니라 또 다른 극단인 금욕주의도 배격합니다. 그는 인생의 즐거움을 누리는 자체를 죄악시하지 않습니다. 전도서 곳곳에서 하나님이 우리에게 인생의 낙을 누리게 하셨다는 점을 강조합니다.

> 사람들이 사는 동안에 기뻐하며 선을 행하는 것보다 더 나은 것이 없는 줄을 내가 알았고 사람마다 먹고 마시는 것과 수고함으로 낙을 누리는 그것이 하나님의 선물인 줄도 또한 알았도다
>
> 전 3:12-13

전도서는 결코 하나님의 심판을 두려워하여 하나님께서 허락하신 즐거움을 거부하고 음울한 고행의 삶을 살라고 말하지 않습니다.

레슬리 알렌이라는 세계적인 구약학자가 전도서를 강해하면서 이런 말을 했습니다. "하나님께서 마지막에 우리를 심판하실 때 하나님을 섬기지 않고 이 세상의 즐거움만을 추구한 것에 대해 심판하실 것이다. 그와 동시에 하나님께서 허락하신 정당한 즐거움마저 누리지 않은 것에 대해서도 심판하실 것이다." 하나님께서 우리에게 즐기도록 허락하신 것을 누리기를 거부하는 것은 하나님의 뜻을 거스르는 것이며, 하나님의 은총을 멸시하는 것입니다.

지나친 경건의 열심에 사로잡혀 고행주의와 금욕주의에 치우치는 경우가 있습니다. 어떤 목사는 1년간 교회에서 밤새 철야기도를 했는데, 한 번도 등을 바닥에 붙이지 않았다고 합니다. 불교에 장좌불와長坐不臥라는 참선 행위가 있습니다. 밤에도 등을 바닥에 대어 눕지 않고 꼿꼿이 앉아서 수행하는 방법인데, 수년 동안 혹은 10년 이상 그렇게 도를 닦는 스님들이 있습니다. 우리는 하루라도 눕지 않으면 견디지 못하는데, 어떻게 그렇게 할 수 있는지 참 경이롭기까지 합니다. 그런 행위가 타 종교에서는 거의 초인적인 수행의 경지에 이른 것으로 칭송받을지 모르나, 성경적으로는 하나님께서 정하신 창조의 법칙을 거스르는 행위, 곧 죄악입니다. 하나님은 누워서 편히 자라고 우리를 길게 만드셨는데, 스스로 자기 몸을 괴롭게 하는 것은 우리 몸을 지으신 창조주에 대한 반역 행위이지요.

모든 것이 헛되도다!

하나님께서는 우리 인간을 하나님 안에서 참된 만족과 즐거움을 누리도록 창조하셨습니다. 하나님의 뜻을 따라 살 때 우리는 하나님이 허락하신 인생의 즐거움과 선물을 누립니다. 그러나 하나님을 떠나 세상에서 만족과 즐거움을 추구할 때 그 모든 수고는 바람을 잡으려는 것처럼 헛된 것이 됩니다. 그것이 바로 전도서의 메시지입니다. 솔로몬이 그런 헛된 것을 추구했던 자신의 경험을 통해 얻은 깨달음을 전하고 있습니다. 전도서는 이렇게 시작됩니다.

> 전도자가 이르되 헛되고 헛되며 헛되고 헛되니 모든 것이 헛되도다 전 1:2
>
> 내가 해 아래에서 행하는 모든 일을 보았노라 보라 모두 다 헛되어 바람을 잡으려는 것이로다 전 1:14

이는 꼭 허무주의를 말하는 것 같습니다.

현대인들에게 지대한 영향을 미친 니체나 실존주의 철학자 사르트르의 허무주의 사상은 인간은 아무 의미 없는 니힐Nihil의 세계에 던져진 존재라고 했습니다. 마치 저주받은 듯한 존재라는 뜻입니다. 하지만 아무 의미 없는 세계에 버려졌다는 사실이 오히려 무한한 자유의 세계로 나가는 축복이라고 봅니다.

그러나 전도서의 내용은 그런 허무주의 사상과는 완전히 다릅니다. 전도서가 전달하는 메시지는 하나님이 인생을 지으신 뜻과 목적에서 탈선하여 살 때 우리가 행하는 모든 일과 수고는 그 의미와 가치를 상실하게 된다는 것입니다.

우리 인생이 생명의 근원인 하나님과 단절될 때 우리에게 죽음이 임해 우리가 수고해서 쌓아 올린 모든 것을 휩쓸어 버립니다. 죽음 앞에 모든 것이 헛된 것이지요. 그래서 우리가 수고한 모든 것이 마치 바람을 잡으려는 것과 같다고 한 것입니다.

전도자는 죽음으로 우리가 쌓아 올린 모든 것이 물거품이 될 뿐 아니라, 죽음 이후 이 땅에서 행한 모든 것에 대해 심판이 있을 것을 선고합니다. 그러므로 인생의 결국을 깨닫고, 창조주의 뜻을 떠나 방황하는 허무한 삶에서 속히 돌이켜 인간 본연의 삶을 살라고 권면합니다. 그래서 전도서를 이렇게 끝마칩니다.

일의 결국을 다 들었으니 하나님을 경외하고 그의 명령들을 지킬지어다 이것이 모든 사람의 본분이니라　　　　　전 12:13

이 말씀이 전도서의 결론입니다. 전도서 앞부분의 모든 내용은 바로 이 말씀을 하기 위한 서론이라고 할 수 있습니다.

박진영의 전도서 버전

　　　　　　　전도서를 기록한 솔로몬처럼 자신
의 마음이 원하는 즐거움을 다 누려 본 사람은 없을 것입니다.
세상 사람들이 추구하는 모든 것을 솔로몬은 거의 다 성취하고
누려 본 사람입니다. 그 정도 누리고 성취한 사람이라면 생의
말년에 "해볼 것 다 해보았으니, 이제 족하다. 후회 없는 삶을
살았다"라고 해야 하지 않을까요? 그러나 그는 정반대로 그 모
든 것이 헛되고 헛된 것이었다고 후회하며 탄식했습니다.

솔로몬이 경험했듯이 인간 안에는 세상의 모든 것을 소유
하고 누려도 채워지지 않는 욕망의 블랙홀이 도사리고 있습니
다. 우리는 이 땅의 즐거움을 누릴수록, 이 땅의 것을 소유하고
성취할수록 더 공허해지고 목말라집니다.

불신자들도 이런 공허함을 어느 정도 체험합니다. 박진영
이라는 가수가 지은 〈놀 만큼 놀아 봤어〉라는 노래가 있지요.
그 가사가 이렇습니다.

　나 놀 만큼 놀아 봤어
　나 놀 만큼 놀아 봤어
　왠지 몰랐어 뭐 때문에 열심히 살지

돈을 벌어서 어떻게 써야 하는 건지

둘러보았어 무엇으로 나를 채울지

먹고 먹어도 왜 계속 배가 고프지

안정이 되면 다시 불안해지고 싶고

불안해지면 다시 안정이 되고 싶어

생각해 봤어 정말 갖고 싶은 게 뭔지

근데 가져도 왜 계속 배가 고프지

난 놀 만큼 놀아 봤어 또 벌 만큼 벌어 봤어

예쁜 여자 섹시한 여자 함께 즐길 만큼 즐겨 봤어

결국엔 또 허전했어 언제나 그때뿐이었어

아침에 술 깨 겨우 일어날 때

그 기분이 싫어졌어

이젠 사랑을 하고 싶어 Baby

혼자 집에 오는 길이 싫어 Lately

이런 날 어서 구원해 줘 Baby 제발

꺼지지 않을 음식으로 나를 배 불려 줘

Please save me

눈감을 때 두렵지 않기를

눈감을 때 웃을 수 있기를

내가 어디로 가는지 알면서 내딛는

힘찬 발걸음으로 살기를

박진영의 전도서 버전 같아요. 정도의 차이는 있지만 사람들은 박진영처럼 인생의 헛됨과 공허함을 느끼며 살아갑니다. 그러나 그에 대한 뾰족한 해답을 가지고 있지는 않습니다. 박진영처럼 "이런 허무한 삶에서 나를 구원해 줘"라는 소원과 부르짖음이 마음에서 일어날 수 있지만, 거기서 헤어날 길은 알지 못하지요. 인생이 헛되다는 것을 알고 공허함을 느끼지만, 그렇다고 해서 다른 삶을 살 수도 없는 것이 우리 인간이 처한 딜레마입니다.

예수 믿으면 더 공허해져?

예수를 믿으면 공허함이 없어지나요? 아니요, 하나님의 은혜가 우리에게 주어지면 인생의 무상함을 더 절감하게 됩니다. 세상 것으로 채워지지 않는 영적인 공허함을 훨씬 더 예민하게 느끼게 됩니다. 상대적으로 하나님 안에서만 참된 만족과 충만함을 누린다는 것을 깨닫게 되지요. 그래서 하나님에 대해 가난한 심령, 애통하는 심령이 되지요. 의에 주리고 목마르게 됩니다. 이렇게 세상 것으로 더 이상 만족할 수 없는 영적인 공허를 느끼는 것 자체가 은혜이지요. 그래서 세상을 계속 따라 살 수 없는 존재가 되는 것입니다. 우리 안에 부패성이 남아 있어서 세상을 기웃거리며 좇아갔다가도 금방 싫증 나고 세상에 실망하여 주님께로 돌이키게 됩니다.

우리는 간혹 세상 것을 좇는 삶이 헛되다는 것을 직접 체험함으로 깨닫기도 합니다. 그러나 솔로몬처럼 그 모든 인생의 헛됨을 다 체험하지 않더라도 그에 대한 깨우침을 얻을 수 있습니다. 전도서의 이런 말씀을 읽으면서 솔로몬의 경험을 우리의 간접 경험으로 삼아 교훈을 얻고, 그의 과오를 답습하지 않게 됩니다. 앞서 길을 간 이들이 빠진 구덩이를 보며, 그 함정을 피해 갈 수 있는 지혜를 얻게 됩니다.

선진들의 과오와 실패의 경험은 간접 경험으로 삼아 교훈을 얻는 반면에, 그들의 은혜 체험은 간접 체험으로 그쳐서는 안 되고 직접 체험함으로 체득해야 합니다. 그것이 성령께서 말씀을 통해 우리를 인도하고 양육하시는 방법입니다.

전도서에는 솔로몬의 절절한 후회와 자책과 아쉬움이 녹아들어 있습니다. 그래서 솔로몬은 뒤에 오는 젊은 세대들에게 젊음의 때를 자신처럼 어리석고 헛되게 보내지 말고, 더 곤고한 날이 이르기 전에 창조주를 기억하고 그를 섬기는 인간의 본분을 다하라고 권면한 것입니다. 조금이라도 일찍 창조자를 알고 그 뜻 가운데 사는 것이 하나님께서 우리에게 허락하신 생명의 풍성함과 즐거움을 누리는 길입니다.

마음이 즐거워하는 것을 행하라

젊은 날, 우리가 무엇을 참으로 즐거워하느냐가 중요합니다. 우리는 우리 마음이 즐거워하는 것을 행하며 살게 되어 있습니다. 세상과 죄를 따라 사는 것도 마음이 원하고 즐거워하는 것을 행하는 것이고, 하나님을 섬기는 것도 똑같이 마음이 기뻐하는 대로 행하는 것입니다. 마음으로 하나님을 기뻐하고 즐거워하든가, 아니면 세상을 따라 사는 것을 즐거워하든가 둘 중 하나이지요.

젊은 날에는 무엇인가 즐거워하며 그것을 추구하는 삶을 살아야 합니다. 그러나 그때 무엇을 기뻐하며 추구하느냐에 따라 우리의 영원한 운명이 좌우됩니다. 우리 마음이 기뻐하고 즐거워하는 것을 따라 살며 행한 모든 일로 심판을 받게 되기 때문입니다. 세상과 죄를 따라 사는 것을 즐거워하다가 그에 따라 심판을 받거나, 아니면 하나님을 섬기는 것을 즐거워하다가 그에 따라 영생의 복을 누리게 되겠지요.

> 청년이여 네 어린 때를 즐거워하며 네 청년의 날들을 마음에 기뻐하여 마음에 원하는 길들과 네 눈이 보는 대로 행하라 그러나 하나님이 이 모든 일로 말미암아 너를 심판하실 줄 알라 전 11:9

스스로의 마음에 정직해야 합니다. 자기 마음이 정말 원하고 기뻐하는 것이 무엇이든 그대로 행하세요. 하나님께서는 우리 마음이 원하지 않는데도 강압적으로 하나님을 섬기게 하시지 않습니다. 하나님을 즐거워하지 않으면서도 심판이 두려워 하나님을 섬기는 것을 원하지 않으십니다. 그런 두려움이 하나님을 섬기는 근본 동기라면, 그 사람은 심판을 피할 수 없습니다. 그래서 두려움에는 형벌과 심판이 있다고 했습니다. 즐거워하지도 않는 하나님을 섬기려고 고생하다가 세상을 즐기지도 못하고 결국 심판받을 바에는 세상이나 실컷 즐기는 것이 낫지요.

하나님 섬기기를 마음으로 기뻐하지 않으면, 마음이 정말 사랑하는 세상의 길로 가서 거기서 즐겁게 사세요. 그리고 깨끗하게 심판받으세요. 심판이 두렵다고요? 그러면 마음으로 돌이키세요. 하나님과 자기 마음에 정직해야 합니다. 하나님은 이것인지 저것인지 분명히 선택하기를 원하시지요. 하나님은 오직 자원하며 즐거워하는 마음으로만 섬길 수 있습니다. 그러므로 마음의 돌이킴이 있어야 합니다.

참된 회개란 우리 마음이 기뻐하며 추구하는 바가 180도 전환되는 것입니다. 전에는 죄와 세상을 따르는 것을 기뻐했다면, 이제는 하나님과 그 뜻을 따르는 것을 기뻐하는 것이지요. 젊은 날, 청년의 때에, 곤고한 날이 이르기 전에, 진정한 돌이킴이 있어야 합니다.

젊어서 무엇을 즐거워하느냐에 따라 미래가 결정된다

"그런즉 근심이 네 마음에서 떠나게 하며 악이 네 몸에서 물러가게 하라"(전 11:10)고 했습니다. 여기서 "근심"이라고 번역된 히브리어는 우리 마음속에 있는 일종의 분노와 반감이 혼합된 감정, 즉 반항이나 불순종과 같은 것입니다. 하나님을 즐거워하지 않는 마음 저변에는 불순종이 도사리고 있습니다. 하나님의 뜻을 저버리고, 육신의 정욕을 따라 죄의 일락을 좇는 삶에는 진정한 즐거움이 없습니다. 찰나적인 즐거움 끝에도 근심이 있습니다. 하나님의 뜻을 떠난 삶의 특징은 불안과 근심입니다.

악인에게는 평강이 없다고 했습니다. 하나님과 불화하는데, 하나님을 반역하는데, 어떻게 평강과 기쁨이 있겠습니까? 기쁨의 원천인 성령을 거스르고 근심시키며 사는데, 어찌 진정한 즐거움이 있겠습니까?

영성의 핵심은 하나님을 즐거워하는 것이지요. 하나님을 즐거워하지 않고는 하나님을 섬길 수 없습니다. 하나님께 헌신할 수 없고, 하나님을 위해 일할 수 없습니다. 하나님을 즐거워하지 않고는 하나님을 사랑할 수도 없고, 하나님께 순종할 수도 없습니다. 하나님을 즐거워하지 않으면서 고역스럽게 하나님을 섬긴다는 것은 그 안에 아직 불순종의 마음이 도사리고 있는 것이지요. 우리 신앙의 문제가 무엇입니까? 그것은 하나님을 즐거워할 대상으로 여기지 않는 것입니다. 세상과 죄는 그토록 즐거워하면서 모든 아름다움의 총화이며 복락과 기쁨의 원천인 하나님은 즐거워하지 않는다는 것이 우리 죄의 근원입니다.

전도자는 네 눈이 보는 대로 행하라고 했습니다. 하나님을 즐거워하고 사랑하지 않는 마음에는 하나님의 영광과 아름다움이 보이지 않지요. 영적인 소경인 것입니다. 세상의 번영과 성공만 보이니, 그 영광을 바라보고 그것을 좇는 것이지요. 우리 마음에 성령을 통해 복음의 빛이 비쳐야 합니다. 복음을 통해 이 세상의 영광과 번영보다 훨씬 더 탁월한 그리스도의 영광과 은혜의 풍성함을 깨달아야 합니다. 밭에 감추인 보화를 발견한 사람처럼 조금이라도 일찍 하나님 나라의 보화를 발견해야 그것을 평생 누리는 복된 삶을 살게 됩니다. 젊어서 그리스도의 탁월한 영광과 아름다움에 매료되어 그 영광을 말할 수 없이 즐거워하며, 온 몸과 마음으로 그 영광을 추구하는 자들이 되어야 합니다.

젊어서 몸에 습관화된 것이 미래를 결정한다

전도자는 "악이 네 몸에서 물러가게 하라"(전 11:10)고 했습니다. 젊은 날 성령을 거스르는 육신의 정욕을 좇아 살면 악이 몸에 뱁니다. 몸에 죄의 관성과 습관과 독성이 깊이 스며듭니다. 젊어서 죄의 일락, 음란에 탐닉하면 성전인 몸이 더럽혀지고 망가져 하나님을 도저히 섬길 수 없는 자가 됩니다.

젊은 날 죄에 푹 빠져서 산 사람은 그 죄의 습관을 이기지 못해 죄에서 뒹구는 삶에서 헤어나지 못합니다. 뒤늦게 정신 차리고 바르게 살려고 애쓰는 사람들도 오랜 죄 속의 삶에서 깊이 밴 죄의 습성을 이기지 못해 곤고한 삶을 살게 됩니다. 많은 교인들이 젊은 날 하나님께 온전히 헌신하지 못하고, 헛된 세상을 좇아 젊음의 정열과 에너지와 시간을 다 탕진한 뒤 느지막이 열매 없는 비루한 모습으로 살아갑니다.

그러므로 곤고한 날이 이르기 전에 하나님께 돌이킴으로써 마음의 근심과 몸의 악이 우리를 떠나게 해야 합니다. 조금이라도 더 젊을 때 온 몸과 마음이 하나님을 즐거워하는 데 길들여져야 합니다. 젊어서 그렇게 습관화되고 훈련되지 않으면 평생 하나님을 제대로 섬기지 못합니다. 되도록 일찍 주님과 함께 멍에를 메고 주님께 온전히 순종하는 삶을 훈련해야 합니다. "일찍 이룬 경건이 탁월한 경건Early Piety Eminent Piety"이라는 말이 있습니다. 죄의 습관이 굳어지기 전에 하나님을 경외하는 법을 배워야 합니다. 되도록 일찍 완고함이 꺾여 주님과 함께 멍에를 메야 합니다.

송아지가 자라면 되도록 빨리 멍에를 메우야 합니다. 그렇지 않으면 나중에는 멍에를 메우기가 어려워집니다. 소가 멍에에 익숙하지 않으니 밭을 제대로 갈지 못합니다. 소도 힘들고, 소를 모는 이도 힘들지요. 망아지가 자라면 빨리 길들여야 합니다. 길길이 날뛰는 망아지가 기가 꺾여 온순해져야 하지요. 그래야 안장을 얹고 주인이 탈 수 있습니다. 소가 멍에에 익숙해지듯이 젊어서 주님의 멍에에 익숙해져 주님과 즐겁게 동행하는 사람이 되어야 합니다. 완고한 육성이 죽고, 성령에게 온전히 지배받는 사람이 되어야 합니다. 그래야 주님께 귀하게 쓰임받는 자들이 됩니다.

젊음을 탕진한 곤고한 세대

젊어서 멍에를 메지 않으면 나이 들수록 멍에를 메기가 힘들어집니다. 성령을 거스르는 육신의 완고함을 따라 살면 육신의 세력이 점점 강해집니다. 옛 자아가 점점 완고해집니다. 성령의 감동과 인도함을 받지 못한 채 성령이 도저히 통제할 수 없는 자가 되지요. 이런 사람이 변하는 것은 불신자가 변하는 것보다 훨씬 더 어렵습니다.

안타깝게도 우리 교회에 이런 사람들이 많습니다. 한국 교회의 문제를 한마디로 진단하면 "성령을 오랫동안 근심시키므로, 사람들의 마음이 회개와 변화가 거의 불가능할 정도로 강퍅해졌고 몸이 죄에 길들여져 있는 것"입니다. 도무지 성령의 열매가 나타나지 않습니다. 그리스도를 닮은 아름다움과 거룩함이란 세상을 감화시키며 사람들을 그리스도께로 이끄는 영적인 매력인데, 한국 교회는 그런 영적 아름다움을 잃어버린 것입니다. 교회가 그리스도를 닮기보다 세상을 닮아 가니, 그 얼굴이 흉하게 일그러져 사람들을 얻기보다 잃는 교회가 되었습니다. 사람들을 끌기보다 떠나게 하는 교회가 된 것이지요.

지금 한국 교회는 총체적인 위기에 직면했습니다. 기독교 윤리실천운동에서 실시한 설문 조사에 따르면 기독교의 신뢰도가 몇 년째 바닥을 치고 있습니다. 이 민족이 기독교에 대해 등을 돌리고 있습니다. 역사 속에서 어떤 종교가 이같이 그 민족의 신임을 잃어버리면, 그 종교는 사회에서 더 이상 존재할 수 없는 퇴출 대상이 됩니다. 목회 현장은 선교지보다 더 척박한 것 같습니다. 개척 교회 열 개가 세워지면 하나도 살아남지 못하는 상황입니다. 이제 한국의 선교는 끝난 것이 아닌가 하는 회의적인 생각까지 들 정도입니다.

자칫 잘못하면 한국 교회가 교회 역사에서 그 유례를 찾을
수 없이 급성장했다는 명성과 함께, '초고속으로 몰락해 버린
교회'라는 오명까지 남기게 될 위기에 봉착한 것입니다. 어떻게
보면 오늘날 한국 교회는 예레미야 시대처럼 고통과 탄식의 시
대를 맞이했습니다. 이스라엘 민족이 성령을 근심하게 하므로
바벨론의 포로가 되었듯이 한국 교회 역시 죄와 자본주의 제국
의 포로가 되었습니다. 하나님께 징계를 받고 있습니다. 교회에
서 하나님의 영광이 떠나감에 따라 우리 얼굴에 수치가 가득합
니다. 그리스도인인 것이 부끄러운 시대를 맞이했습니다.

부끄러운 기성세대를 거울로 삼으라

세월호의 침몰은 이 사회의 총체
적인 부실함과 부패뿐 아니라, 한국 교회의 부끄러운 민낯을
여실히 드러낸 사건입니다. 이번 사태의 책임이 어찌 못난 선
장과 부패한 청해진해운과 무능한 정부에게만 있겠습니까? 저
를 비롯한 모든 기성세대는 이 책임에서 자유롭지 못할 것입니
다. 무능하고 부패한 기성세대 모두가 직간접적으로 우리 아이

들을 사지로 몰아넣는 데 일조한 죄인입니다.

그동안 이 사회가 경제 성장 제일주의에 매몰되어 온통 돈과 물질, 권력과 명예를 좇다가 그보다 훨씬 중요한 인간됨의 가치와 생명의 존엄성, 자유와 평등이 구현된 사회를 이루는 데 처절하게 실패한 것입니다. 이 사회를 새롭게 해야 할 교회마저 세상과 똑같이 성장 제일주의 가치관에 사로잡혀 교인의 수와 성장, 돈, 건물이라는 우상을 숭배하느라, 이 나라의 몰락에 가세한 역할을 해온 것은 아닌지 돌아보는 통렬한 자성과 회개가 있어야 합니다. 이 사회의 구조적인 악과 부조리의 한복판에는 한국 교회가 산출해 낸 속물스러운 그리스도인들이 포진해 있습니다. 그동안 교인들이 세상 사람들과 똑같이 세상 풍조와 자본주의 가치관을 따라 살므로, 이 사회의 구조적인 모순과 부조리가 만연하는 데 일역을 담당한 것입니다.

나이 든 기성세대는 젊은이들을 보기가 참 부끄럽고 미안합니다. 귀한 신앙의 유산을 전수받았는데, 그 유산을 다 까먹고 젊은이들에게 좋은 본을 보이지 못하고 있는 것이 심히 부끄럽고 안타깝습니다.

정작 회개해야 할 대상은 저를 비롯한 기성세대 교인들인데, 개혁의 대상이 개혁과 회개를 외쳐야 하는 곤혹스러움을 떠안게 되었습니다. 게다가 너무나 강퍅해져서 회개하기가 어렵기까지 합니다. 아이러니하게도 회개는 회개할 것이 상대적으로 적은 사람들이 하는 것이지요. 아직 세속에 깊이 물들지 않고 순수함을 간직한 우리 청년들이 세상 때가 묻을 대로 묻고 완고해져 회개가 거의 불가능한 지경에 이른 기성세대 교인과 교회를 대신해 회개하는 것이지요. 하나님께서는 이처럼 순수한 젊은이들의 기도를 들으십니다. 교회를 새롭게 하시고, 이 땅을 치유하십니다.

영적인 돌연변이

뻔뻔한 말이지만, 기성세대의 열매 없는 모습을 보면서 도전을 받고 그것을 반면교사로 삼으면 어떨까요? 저렇게는 살지 않으리라는 개혁의 정신과 의지가 투철한 젊은이들이 일어나야 한국 교회의 미래에 희망이 있습니다.

하나님의 역사에는 영적인 돌연변이가 자주 일어납니다. 경건한 부모 세대 밑에서, 그들의 거룩한 신앙의 본을 보면서 온갖 영적인 혜택을 누리며 자랐더라도 아주 악하고 불경한 자가 되는 경우가 있습니다. 거기서 인간이 얼마나 부패한 존재인지가 밝히 드러납니다. 반면에 매우 악한 세대에 신실하고 거룩한 후손이 일어나는 돌연변이가 발생하기도 합니다. 이것은 하나님의 전적인 은혜이지요.

하나님께서는 좋은 본이 없을 뿐 아니라, 나쁜 영향에 에워싸여 살 수밖에 없는 암울한 시대에도 악에 물들지 않은 청결한 주의 청년들을 일으키십니다. 짙은 어두움을 밝히는 새벽빛 같은 주의 청년들이 나오게 하십니다. 따를 스승이 없는 시대, 존경할 만한 어른이 없는 시대를 맞이했다고 너무 한탄하지 마세요. 성령님은 종종 좋은 선생보다 나쁜 선생과 기성세대를 통해 더 많은 깨달음과 유익을 얻게 하십니다. 그들과 같이 되지 말아야겠다는 개혁의 의지와 열정으로 불타오르게 하십니다. 이 개혁의 열정이 내면에서 개혁과 부흥을 위한 에너지로 승화되게 하십니다. 못난 기성세대를 욕하고 정죄하는 데 열을 올리며 에너지를 소진하기보다 그들을 긍휼히 여기며 개혁의 때를 기다리게 하십니다. 그래서 기성세대의 실패를 극복하는 위대한 하나님의 사람들이 되게 하십니다.

난세에 영웅이 난다는 말처럼 하나님께서는 영적으로 어두운 시대에 영적인 거인들이 등장하게 하십니다. 그런 영적 거인이 되기를 바랍니다. 부끄러운 교회와 나라를 후손들에게 남긴 부패하고 무능한 우리 기성세대와 같이 되지 않기 위해서라도 인격과 영성과 실력을 함양하기 위해 젊어서 힘써야 합니다.

아프니까 청춘

성령님은 우리를 젊을 때 훈련하십니다. 지난주에 어떤 청년과 면담을 했습니다. 그 청년 나이가 서른이 됐는데, 아직 안정된 직장이 없이 공무원 시험을 준비하고 있습니다. 그런데 이번에는 시험에 붙을 자신이 없습니다. 장남인데, 건강이 안 좋으면서도 일하시는 어머니 신세를 져야 하니 면목이 없습니다. 책상 앞에 어머니 사진을 놓고 공부합니다. 빨리 시험에 합격해서 어머니를 잘 모시고 싶은데, 그것이 뜻대로 되지 않으니 마음이 아픕니다. 제게 그 말을 하면서 울음을 참느라 청년의 얼굴이 마구 실룩거렸습니다. 그것을 보는 저도 눈물이 나오려고 했습니다.

게다가 바로 전날 7년 동안 사귄 여자 친구에게 좋아하는 다른 남자가 생겼다고 연락이 왔다는 것입니다. 멀리 지방에 있어 자주 만나지 못해 관계가 소원해졌고, 계속 조금만 더 기다려 달라고 했는데, 결국 돌아선 것입니다. 청년은 그 여자 친구를 많이 좋아해서 마음이 아프다고 했습니다. 그러나 그것까지 하나님께 다 맡긴다고 하면서 "그래도 하나님을 더 사랑합니다"라고 말했습니다. 참 귀한 청년이지요. 저는 지금은 앞이 도무지 보이지 않고 미래가 없어 보이는 막막한 터널을 지나는 것 같지만, 나중에 이때를 돌아보며 주님께 깊이 감사할 날이 있을 것이라고 위로해 주고 울면서 기도했습니다.

"아프니까 청춘"이라는 말이 있듯이 이 땅에서 청년으로 산다는 것이 너무도 시리고 아플 때가 많습니다. 그러나 이런 아픔과 실의와 고난의 질곡을 거쳐 가면서 우리의 신앙 인격은 알차게 영글어 갑니다. 고난 속에서 하나님께 직접 훈련받은 사람만이 제대로 된 신앙인이 됩니다. 고난 속에서 연단받지 않은 이는 젊음의 혈기와 교만이 꺾이지 않아서 그 인격이 다듬어지지 않고 성숙하지 않습니다.

청년의 때, 힘들어도 인생의 기반을 탄탄히 다지는 일에 가장 힘써야 합니다. 다른 것에 한눈팔 시간이 없습니다. 취직을 위해 스펙을 쌓는 것보다 연애나 결혼보다 더 시급한 것이 하나님을 바로 알고 하나님을 즐거워하는 일입니다. 젊음의 때가 우리 인생의 절정, 곧 피크이지요. 최고로 즐거움을 만끽할 때입니다. 젊은 날 우리를 창조하시고 구원하신 하나님을 가장 즐거워하며, 그 안에서 최고의 만족을 누리는 사람이 되어야 합니다. 비록 아프고 시린 청춘의 시기를 지날지라도 하나님으로 인해 즐거워하며, 위로를 받을 수 있어야 합니다. 주님 안에서 가장 큰 만족과 즐거움을 누리는 삶을 살아야 합니다. 그래야 평생 하나님을 즐거워하는 사람이 됩니다.

> 또 여호와를 기뻐하라 그가 네 마음의 소원을 네게 이루어 주시리라 시 37:4
> 아침에 주의 인자하심이 우리를 만족하게 하사 우리를 일생 동안 즐겁고 기쁘게 하소서 시 90:14

시편 기자의 기도가 젊은이들에게 성취되기를 바랍니다.

01_ 전도자는 허무주의를 말하고 있는 것인가?

02_ 인생을 즐기는 것이 잘못된 것인가?

03_ 왜 젊어서 주님을 즐거워해야 하는가?

04_ 젊어서 주님의 멍에에 익숙해지는 것이 중요한 이유는 무엇인가?

05_ 기성세대의 실패는 무엇인가?

06_ 부끄럽지 않은 교회와 나라를 후손들에게 물려주기 위해 젊음의 때
　　를 어떻게 보내야 하는가?

어느 젊은이의
슬픔

02

어떤 사람이 주께 와서 이르되 선생님이여 내가 무슨 선한 일을 하여야 영생을 얻으리이까 예수께서 이르시되 어찌하여 선한 일을 내게 묻느냐 선한 이는 오직 한 분이시니라 네가 생명에 들어 가려면 계명들을 지키라 • 이르되 어느 계명이오니이까 예수께서 이르시되 살인하지 말라, 간음하지 말라, 도둑질 하지 말라, 거짓 증언 하지 말라, • 네 부모를 공경하라, 네 이웃을 네 자신과 같이 사랑하라 하신 것이니라 • 그 청년이 이르되 이 모든 것을 내가 지키었사온대 아직도 무엇이 부족하니이까 • 예수께서 이르시되 네가 온전하고자 할진대 가서 네 소유를 팔아 가난한 자들에게 주라 그리하면 하늘에서 보화가 네게 있으리라 그리고 와서 나를 따르라 하시니 • 그 청년이 재물이 많으므로 이 말씀을 듣고 근심하며 가니라 • 예수께서 제자들에게 이르시되 내가 진실로 너희에게 이르노니 부자는 천국에 들어가기가 어려우니라 • 다시 너희에게 말하노니 낙타가 바늘귀로 들어가는 것이 부자가 하나님의 나라에 들어가는 것보다 쉬우니라 하시니 • 제자들이 듣고 몹시 놀라 이르되 그렇다면 누가 구원을 얻을 수 있으리이까 • 예수께서 그들을 보시며 이르시되 사람으로는 할 수 없으나 하나님으로서는 다 하실 수 있느니라   마태복음 19:16-26

구원받기 위해 피할 수 없는 질문

부자 청년에 대한 말씀을 읽을 때 마음에 왠지 모를 애잔함을 느끼게 됩니다. 너무도 아쉽게 영생을 놓치고 근심하며 돌아가는 청년의 모습이 남의 일 같지만은 않습니다. 우리가 만약 그 청년의 입장이었다면 우리는 어떻게 했을까요? 주님의 요구를 흔쾌히 받아들여 우리의 전 재산을 버리고 영생을 택했을까요? 아니면 청년처럼 근심하며 돌아갔을까요? 갑자기 우리 마음 한구석에서 그 청년의 고민과 근심이 느껴지지 않나요?

자신을 찾아와 진지하게 영생의 길을 탐구하는 청년을 그런 식으로 돌려보내는 주님이 좀 야박해 보입니다. 청년에게 가혹한 것을 요구함으로 그를 쫓아 보내는 주님이 너무하신 것 아닌가 하는 생각이 듭니다. 주님이 지금도 동일한 요구를 한다면, 우리 중 누가 구원을 얻을 수 있을까요? 제자들이 했던 질문이 우리 안에서도 일어납니다.

부자 청년처럼 어떻게 하면 구원을 얻고 영생을 얻을 수 있는지를 고민하고 탐구하는 이들이라면 이 말씀이 던지는 질문과 도전을 피할 수 없습니다. 주님의 요구에 응하든지 아니면 청년처럼 근심하며 돌아가든지 양자택일해야 합니다. 둘을 적당히 중재하는 타협안은 없습니다. 아이러니하게도 영생을 얻는 데 실패한 청년에 대한 말씀에서 영생을 얻는 길이 오히려 더 선명하게 드러납니다. 이것이 말씀에 내재되어 있는 기막힌 역설입니다. 이 말씀이 하나님 나라에 들어가는 회개, 구원에 이르는 회개가 무엇인지를 분명히 제시해 줍니다.

오늘날 전파되는 구원은 주님께서 말씀하신 구원과는 상당한 거리가 있습니다. 주님은 낙타가 바늘귀로 들어가는 것이 부자가 하나님 나라에 들어가는 것보다 더 쉽다고 하셨는데, 현대 교회는 부자도 얼마든지 하나님 나라에 들어갈 수 있도록 생명으로 들어가는 좁은 문을 한없이 넓혀 놓았습니다. 낙타도

충분히 들어갈 수 있는 거대한 바늘귀를 만든 셈입니다. 주님이라면 그 청년처럼 스스로 돌아가게 할 사람들을, 교회는 자기 소유를 포기하지 않아도 얼마든지 하나님 나라에 들어갈 수 있다고 다독이며 위로합니다.

그래서 오늘날 교회 안에는 부자 청년 같은 교인들이 많습니다. 부자 청년처럼 이미 마음으로는 주님을 떠났음에도 여전히 교회 안에는 머물러 있습니다. 교회 안에 있지만 생명은 없습니다. 주님 안에서 영생을 누리지 못합니다. 주 안에 감추어진 보화를 발견한 이에게 있는 기쁨이 없습니다. 오히려 그 청년처럼 영생을 놓친 이의 근심이 있습니다. 우리가 혹시 그런 사람은 아닐까요?

청년이 부자라고 했는데, 그 당시 유대인들은 부를 하나님의 은총의 표시로 생각했습니다. 누가는 그 청년을 관원이라고 했습니다. 다시 말해 그는 사회에서 유력한 사람이었습니다. 그는 경제적, 사회적으로 성공한 사람이었습니다. 또 그는 윤리적이고, 종교적으로도 반듯한 사람이었습니다. 이 세상 것으로만 만족하는 속물이 아니라 영원한 세계에 대한 관심과 추구가 있었던 사람입니다. 그래서 주님께 나아와 영생의 길을 탐구한 것입니다.

성공한 사람이 하나님 나라에 들어가지 못하는 이유

인간적으로 보면 그 청년은 비천한 출신인 제자들에 비해 훨씬 더 좋은 제자의 자격을 갖추었습니다. 그러나 그 모든 인간적인 장점과 자격이 하나님 나라에 들어가고 주님의 제자가 되기에는 오히려 방해가 되는 결격 사유였습니다. 대개 이 세상에서 성공하고 많은 것을 성취한 사람일수록 하나님 나라에 들어가기가 어렵습니다. 그런 사람은 평생 성취 지향적인 성향에 사로잡혀 살아왔기에 하나님의 나라도 자기 노력으로 쟁취하려고 합니다.

그는 그동안 자신이 힘써 성취한 것에 대해 사람들로부터 인정받을 때 자신의 존재 가치와 삶의 의미, 희열을 느껴 왔습니다. 이 세상에서 자신이 소유한 것과 성취한 것에서 자신의 가치와 정체성을 찾고, 거기서 위로와 만족을 얻은 것이지요. 철저히 자신이 노력한 만큼 보상받고 잘한 것만큼 인정받는 공로 사상, 율법적인 가치관이 그의 삶을 주관해 온 것입니다. 이는 은혜가 지배하는 하나님 나라의 원리와 완전히 상반되는 것입니다. 하나님의 나라를 받아들인다는 것은 우리의 존재를 지탱하던 율법적 체계와 가치관이 붕괴되는 것을 의미합니다. 자신의 노력과 수고로 쌓아 올린 자기 왕국이 전복되는 것을 뜻합니다. 하나님 나라는 이 세상과 융화되는 것이 아니라 충돌됩니다.

마태복음 19장의 말씀은 이 세상 것을 얻는 데 성공한 청년을 사로잡고 있는 가치관과 원리를 가지고는 하나님 나라에 결코 들어갈 수 없다는 사실을 일깨워 줍니다. 본문에 이어 등장하는 포도원 품꾼의 비유가 이 진리를 선명하게 전달해 줍니다. 그 비유에서 아침 일찍부터 포도원에 들어와 하루 종일 수고한 사람과 마지막 파장하기 직전에 들어와 빈둥댄 사람에게 똑같은 임금이 주어집니다. 이는 하나님 나라는 인간의 노력과 공로가 아니라 오직 하나님의 은혜로 들어간다는 진리를 일깨워 줍니다.

주님께서 부자 청년에게 네 소유를 팔아 가난한 자에게 주라고 요구하신 것은 그의 삶을 주관하는 핵심 가치 체계에 직격탄을 날리신 것입니다. 그가 가장 가치를 두고 있는 것, 자신의 존재 가치를 찾고 만족과 위로를 얻는 대상을 버리라고 요구하신 것입니다. 그렇게 되면 그것을 얻기 위해 오랫동안 수고하고 노력한 모든 것이 허사가 됩니다. 전도서에서 말했듯이 바람을 잡는 것처럼 그동안 헛된 것을 위해 수고하며, 참으로 어리석은 삶을 산 셈이지요. 잘 살아왔다는 부듯한 자부심이 일순간에 날아가 버린 것입니다. 성공적인 삶이 아니라 아주 실패한 인생을 산 것이지요. 그러니 그 마음에 거센 반발과 거부감이 일어난 것입니다. 그는 영생을 얻기 원했지만, 그의 삶을 주관해 온 핵심 가치는 포기할 수 없었습니다. 그래서 아쉬워하면서 돌아간 것입니다.

하나님 나라에 들어가기 위해 반드시 거쳐야 할 관문

왜 주님께서는 유독 그 청년에게만 가혹할 정도로 비현실적인 요구를 해서 그를 돌려보내셨을까요? 주님을 믿고 따르는 사람들 모두가 액면 그대로 자신의 소유를 다 버려야 하는 것은 아닙니다. 그럼에도 이 말씀의 근본 의미는 모든 주님의 제자들에게 적용됩니다. 주님은 복음서에서 계속 자기 소유를 버리고, 주님을 좇으라고 했습니다. "내 이름을 위하여 집이나 형제나 자매나 부모나 자식이나 전토를 버린 자마다 여러 배를 받고 또 영생을 상속하리라"(마 19:29)고 하셨습니다. 하나님 나라에 들어가기 위한 필수 조건, 조금도 에누리할 수 없는 조건은 자기 소유를 팔고 버리는 것입니다.

그것은 자기 소유권을 주님께 양도하는 것을 의미합니다. 하나님 나라는 주님께서 우리의 주인이 되셔서 우리를 다스리는 나라입니다. 그러므로 하나님 나라가 우리 삶에 임하기 위해서는 우리의 주권과 소유권을 새 주인, 곧 우리의 주군이신 주님께 이양하는 것이 선행되어야 합니다. 소유권이 완전히 양도되기 위해서는 자기 권리를 주장하는 자아가 죽어야지요. 자기를 부인하고 자기 십자가를 지고 주님을 좇으라고 했습니다. 십자가는 죽음을 의미합니다. 옛 자아가 죽는 것을 뜻하지요. 하나님의 통치를 거부하고 자신이 주인 행세를 하는 옛 자아가 죽는 것이 바로 하나님 나라에 들어가는 회개입니다. 자신이 노력해서 이룬 만큼 보상과 인정을 받고, 거기서 자신의 가치와 만족을 찾는 율법적 체계와 가치관에 의해 운영되던 자아의 왕국이 무너져야 합니다. 그래야 아무 자격과 공로 없는 이들에게 주어지는 하나님의 은혜가 주관하며, 그 안에서 인정받고 만족하는 하나님의 왕국이 임하게 됩니다. 이것이 회개입니다.

그러므로 자신의 모든 소유를 팔고 버린다는 것은 소유권을 이양하는 것, 주권을 양도하는 것, 우리를 주관하던 율법적인 가치관이 해체되는 것을 의미합니다. 동시에 우리가 최고의 가치를 두는 대상과 가장 사랑하는 대상이 바뀌는 것을 뜻합니다. 지금까지 이 세상 것을 최고의 가치로 추구했다면, 이제는 하나님 나라와 의를 그보다 더 우선적인 가치로 좇는 것입니다. 하나님과 그 나라보다 더 사랑하며 추구하는 대상이 있는 한 하나님 나라에 들어갈 수 없습니다.

> 아버지나 어머니를 나보다 더 사랑하는 자는 내게 합당하지 아니하고 아들이나 딸을 나보다 더 사랑하는 자도 내게 합당하지 아니하며 또 자기 십자가를 지고 나를 따르지 않는 자도 내게 합당하지 아니하니라
>
> 마 10:37-38

하나님 나라는 주님께서 우리를 사랑으로 통치하시는 나라입니다. 우리 마음에 하나님보다 더 사랑하는 대상을 둔다면 하나님 나라가 임할 수 없습니다. 우리 마음에 우상이 자리 잡고 있는데, 어떻게 하나님의 사랑의 통치가 임하겠습니까?

가장 소중한 것이 우상이 되다

죄의 근원은 우리 마음의 중심, 우리 사랑의 첫 번째 자리를 하나님 대신 다른 무언가가 차지하

는 것이지요. 그것이 우리에게 실제적인 하나님 노릇을 합니다. 우리의 사랑과 관심을 독점합니다. 암세포가 주위의 양분을 다 빼앗아 가듯이 그 우상이 우리의 모든 에너지를 고갈시킵니다. 끊임없는 관심과 애착과 근심의 대상이 되어, 끊임없는 헌신을 요구합니다. 우상은 아무리 사랑해도 만족하지 않는 블랙홀을 가진 한없이 공허한 대상입니다. 욕망의 블랙홀과 같지요. 그래서 욕망의 블랙홀에 빠져 허덕이며 쉼 없는 삶을 살게 됩니다. 하나님보다 어떤 대상을 더 사랑하면 그 외의 다른 대상은 사랑하지 못합니다. 하나님도 이웃도 사랑하지 못하지요. 그러면 하나님은 항상 우리 마음의 변두리에 밀려나 계십니다. 우상을 위한 들러리 취급을 받지요.

우리는 우리에게 가장 소중한 것들, 하나님의 귀한 선물을 우상으로 삼습니다. 저 같은 목사에게는 주의 일 하는 것이 우상이 됩니다. 목회에 성공하는 것, 능력 있는 목사가 되는 것, 설교를 잘해서 많은 사람들에게 은혜를 끼치는 것이 저에게 우상이 되는 것이지요. 하나님보다 주의 일을 해서 스스로가 누리는 영광과 성공에 마음이 더 끌리는 것입니다. 세상 것을 다 버렸으니 목사로서는 꼭 성공해야 한다는 집착과 욕망이 강한 것입니다. 주의 일을 하면서도 실제적으로 하나님 중심이 아니라 성공 중심이 되어 버립니다. 성장과 성공이 하나님보다 더 사랑하고 추구하는 우상이 되어 버렸습니다. 그래서 한국 교회가 외적으로는 성장했지만 이렇게 세속화된 것입니다.

자매들은 하나님의 가장 귀한 선물, 자신의 몸에서 나온 자식을 끔찍하게 사랑해서 우상으로 만들어 버리지요. 모든 생각과 관심과 대화와 염려가 자식을 중심으로 돌아갑니다. 하나님도 자식을 위해 섬기는 것 같습니다. 주님보다 자식을 잘되게 하는 주님의 축복에 더 관심이 많습니다. 자식들이 고통과 눈물의 씨앗이 아닌가요? 끊임없는 근심의 대상들이지요. 웬수들이지요. 그러면서도 하나님 중심으로 사는 것이 아니라 웬수 중심으로 삽니다. 참 아이러니하지요.

형제들은 어떤가요? 대개 남자들은 직장에서의 경력, 출세, 성공, 사업의 번창, 권력, 명예를 주님보다 더 사랑합니다. 남자의 가장 강한 욕구는 니체가 말했듯 힘, 권력에 대한 욕망입니다. 남자들은 성령을 따라 살기보다 원초적인 욕망, 권력과 명예에 대한 욕망에 사로잡혀 삽니다. 명예욕, 권력욕이 남자들을 미치게 합니다. 교인들, 목사들도 이런 욕망에 사로잡히면 눈에 보이는 것이 없습니다. 하나님도 눈에 보이지 않지요. 욕망에 사로잡힌 목사는 교인들도 사랑하지 못합니다. 교인들을 은밀히 자기 욕망을 성취하기 위한 도구로 삼지요. 우리는 사람들이 이런 욕망에 미쳐 날뛰는 세상에 살고 있습니다. 이런 욕망이 집단적으로 응축되어 형성된 이 세상의 문화와 풍조가 우리 안에 부패한 욕망을 자꾸 자극해서 성령을 거스르는 육신의 소욕을 따라 살게 합니다.

아무리 선하고 귀한 것이라고 할지라도 하나님보다 더 사랑하면 그것이 모든 죄의 근원이 됩니다. 돈을 하나님보다 더 사랑하는 것이 모든 죄의 근원이 될 뿐 아니라, 자식과 성공과 명예를 하나님보다 더 사랑하는 것도 모든 죄의 근원이 됩니다. 우리 마음의 첫 번째 자리에서 하나님이 밀려가면 하나님과 함께 하나님 나라의 모든 은혜가 밀려갑니다. 그리고 그 빈자리에 하나님 대신 우상이 들어오면서 모든 정욕과 근심이 밀려오는 것이지요.

반면에 하나님을 가장 사랑하는 것은 모든 선의 근원입니다. 하나님이 아닌 어떤 대상을 더 사랑하면 그 외에 다른 것을 사랑하지 못합니다. 그러나 하나님을 가장 사랑하면 정당한 모든 것을 바르게 사랑할 수 있게 됩니다. 우리 마음속에 사랑의 기능이 정상화됩니다. 이웃을 사랑하고 자신을 진정으로 사랑할 수 있게 됩니다. 자기 자신을 하나님보다 더 사랑하는 것은 자신을 사랑하는 것이 아니라 자신을 영원히 죽이는 행위, 즉 최대의 자기혐오입니다. 하나님을 가장 사랑하면 자식과 사업, 자신의 직업과 성공도 우상이 되지 않을 정도로 바르게 사랑하게 됩니다. 그런 사랑은 우리를 진정으로 자유롭게 합니다.

우리 모두에게 공통된 우상은 자기 자신입니다. 우리는 지독한 자아 숭배자입니다. 하나님을 잊어버릴 정도로 자신에게 몰두하는 자들이지요. 항상 하나님 대신 자기 자신을 묵상하고 삽니다. 자신의 뜻을 추구하며 삽니다. 하나님을 의식하기보다 병든 자기의식으로 충만합니다. 자기 자식, 성공, 명예를 사랑하는 것도 자기 사랑에서 나오는 것이지요. 우리 안에 자아가 충만하여 주님이 거할 자리가 없습니다. 그래서 주님께서는 주님의 제자가 되는 필수 조건으로 "자기를 부인하고 자기 십자가를 지고 나를 따를 것이니라"(마 16:24)고 하셨습니다.

참된 회개, 즉 하나님 나라로 돌이키는 회개란 하나님께 바쳐야 할 절대적인 사랑과 헌신을 자신에게 바치는 자아 숭배에서 돌이키는 것을 뜻합니다. 하나님 나라에 속한 이들의 특성은 어거스틴이 말한 대로 자신을 잊어버릴 정도로 하나님을 사랑하는 사람들이지요. 물론 자의식은 없어지지 않습니다. 병든 자의식 대신 건강한 자의식으로 충만해집니다. 하나님으로 충만한 자아를 찾게 됩니다. 자신과 자신의 모든 소유보다 하나님을 더 사랑하는 것이 참된 신앙입니다. 이런 이의 심령에 사랑의 왕국, 하나님의 사랑의 통치가 임합니다.

회개하는 데 실패한 대표적인 인간

부자 청년은 하나님 나라로 들어가는 필수 조건인 회개에 실패한 전형적인 인물입니다. 영생에 대한 관심을 가졌음에도 회개하지 않아 버림받은 대표적인 예이지요. 그는 밭에 감추인 보화를 발견한 사람, 값진 진주를 발견한 사람과 대조됩니다. 밭에 감추인 보화를 발견한 사람은 기뻐하며 가서 자신의 모든 소유를 팔아 그 밭을 샀다고 했습니다. 그러나 이 청년은 근심하며 가서 그 소유를 끌어안고 망한 것이지요.

이 두 사람의 차이는 무엇일까요? 이 청년이 특별히 욕심이 더 많은 사람인가요? 물론 많은 재산을 얻기 위해 수고했기에 그에 대한 애착이 남다를 수 있지요. 그러나 그것이 근본 문제는 아닙니다. 부에 대한 미련과 애착이 없는 이가 어디 있겠습니까? 더 근원적인 차이는 한 사람은 자기 소유보다 훨씬 더 가치 있는 것, 밭에 감추인 보화를 발견한 반면에 이 청년은 그런 보화를 미처 보지 못한 것입니다. 결국 보는 것의 문제였지요. 이는 조명과도 연관됩니다. 조명이 있어야 보게 되니까요.

그 청년에게도 조명이 있었습니다. 주님께서 진리로 그를 인도하셨습니다. 그런데 영생에 대해 문의해 온 청년에게 주님께서 복음을 제시하지 않고 율법을 말씀하셨습니다. 왜 나를 믿으라고 말씀하시지 않고, 계명을 지키라고 말씀하셨을까요?

청년은 "무슨 선한 일을 하여야 영생을 얻으리이까"(마 19:16)라고 물었습니다. 그 질문에서 청년이 가진 잘못된 구원관, 율법적인 구원관이 드러납니다. 주님께서 계명을 지키라고 말씀하신 것은 율법이 사람들이 가지고 있는 율법적인 구원관을 깨뜨리고, 그들을 그리스도께로 인도하는 효과적인 역할을 하기 때문입니다. 율법이 죄를 깨닫게 하지요.

주님은 먼저 인간에 대한 계명을 지키라고 말씀하셨습니다. 살인하지 말라, 간음하지 말라, 도둑질하지 말라, 거짓 증언하지 말라는 부정적인 계명에 이어 네 부모를 공경하라, 네 이웃을 네 자신과 같이 사랑하라는 적극적인 계명도 말씀하셨습니다. 그러자 그 청년은 "이 모든 것을 내가 지키었사온대 아직도 무엇이 부족하니이까"(마 19:20)라고 물었습니다. 그의 대답에 어느 정도는 진실성이 있었을 것입니다. 마가복음을 보면 이것은 내가 어려서부터 다 지켰다고 했지요. 그리고 이어서 "예수께서 그를 보시고 사랑하사"(막 10:21)라고 기록되어 있습니다. 청년은 어려서부터 도덕적으로 순결한 삶을 산 것 같습니다. 그는 아마 부정적인 계명은 다 지켰는지 모릅니다. 그러나 이 계명에 담긴 더 적극적인 의미와 정신을 좇아 네 이웃을 네 몸과 같이 사랑하지는 못했지요. 이것이 인간 도덕과 선함의 한계입니다. 인간의 육신적 선함과 에너지로 율법의 외형적인 의미는 지킬 수 있습니다. 그러나 율법의 온전한 요구, 사랑은 오직 하나님의 은혜로 가능한 것이지요.

자아의 왕국과 충돌하는 하나님 나라

육신에서 나온 선함은 공로 의식, 보상 심리에 사로잡혀 하나님을 인간에게 빚진 분으로 만드는 교만에 빠지게 합니다. 자신이 하나님께 많은 죄의 빚을 진 자라는 사실로부터 눈멀게 합니다. 인간의 선함이 자신의 죄인 됨과 회개의 필요성을 보지 못하게 하는 눈가리개 역할을 합니다. 인간의 의는 자신의 죄와 하나님의 의에 대해 눈멀게 합니다. 자신의 참모습과 하나님을 모두 보지 못하게 하지요. 인간은 자신의 악함으로 하나님을 거스를 뿐 아니라, 자신의 선함으로 하나님께 더 크게 반역합니다. 피상적으로 계명을 지킨 자신의 의로움이 계명의 참된 의미를 지키지 못한 자신의 악함을 보지 못하게 하는 것이지요. 계명을 지킬 수 있는 선함의 근원인 하나님에 대한 사랑이 자신에게 없는 것을 보지 못하는 것입니다.

그가 "아직도 무엇이 부족하니이까"라고 물었을 때 그는 이제 주님께서 하나님에 대한 계명을 말씀하시리라고 예상했습니다. 그러면 그는 내가 모든 계명을 다 지켰다고 멋지게, 자신 있게 답하고 싶었을 것입니다. 그런데 주님께서는 뜻밖의 말씀을 하셨습니다.

예수께서 이르시되 네가 온전하고자 할진대 가서 네 소유를 팔아 가난한 자들에게 주라 그리하면 하늘에서 보화가 네게 있으리라 그리고 와서 나를 따르라 하시니 ・ 마 19:21

이는 그 청년이 하나님에 대한 진정한 사랑이 없는 것과 그 마음의 애착이 어디에 있는지를 보도록 정곡을 찌르는 말씀이었습니다.

그가 하나님보다 더 사랑한 것은 재물이었습니다. 그것이 그의 삶을 주관하는 핵심 가치였습니다. 그래서 하나님의 계명을 지키는 것은 전적으로 불가능했던 것이지요. 이 한마디 말씀으로 자신이 평생 인정받고 보상받기 위해 부단히 노력해서 쌓아 올린 모든 의로움이 일순간에 붕괴되어 버린 것입니다. 하나님의 계명을 지키려고 노력했던 모든 것이 바람을 잡으려는 것처럼 헛된 것이 되어 버렸습니다. 그동안 힘써 재물을 모으고, 도덕적이고 종교적인 의를 이루어 쌓아 올린 자아의 왕국을 무너뜨리며 임하는 하나님 나라를 그 청년은 받아들일 수가 없었던 것입니다. "재물이 많으므로 이 말씀을 듣고 근심하며 가니라"(마 19:22)고 기록되어 있듯 그 청년은 자기 왕국에 대한 애착이 너무 강해 그것을 포기하면서까지 영생을 원치는 않았던 것입니다. 그래서 황급히 주님을 떠났습니다. 아쉽지만 그는 하나님 나라보다는 세상 나라를 택한 것입니다.

전적으로 불가능한 구원

청년이 돌아가는 것을 보며 주님

께서는 부자가 천국에 들어가는 것이 낙타가 바늘귀로 들어가는 것보다 어렵다고 하셨습니다. 도저히 불가능하다는 말씀이지요. 이 말씀은 재물이 많은 부자에게 일차적으로 주어진 말씀입니다. 그러나 꼭 부자에게만 국한되는 말씀은 아닙니다. 재물뿐 아니라 그 어떤 대상이라도 하나님보다 더 사랑하는 이들은 결단코 하나님 나라에 들어가지 못한다는 말씀입니다. 우리의 소유권과 주권이 양도되고, 우리가 가장 사랑하며 최고의 가치를 두고 추구하는 대상이 근본적으로 바뀌는 회개 없이는 구원이 전적으로 불가능하다는 말입니다.

이 말을 듣자 제자들이 몹시 놀라 그렇다면 누가 구원을 얻으리이까 하고 반문했습니다. 우리 안에서도 그런 질문이 일어납니다. 우리 모두는 부자 청년과 같이 하나님보다 다른 대상을 사랑하고 추구하는 자기 왕국에서 살아온 사람들입니다. 타락한 인간 안에는 하나님보다 더 사랑하는 우상들이 가득합니다. 인간의 마음은 우상을 만들어 내는 공장입니다. 우리는 욕망에 포로 된 사람들이지요. 죄와 세상을 사랑해서는 안 된다는 것을 잘 알지만, 거기에 마음이 끌리는 것을 어쩔 수 없는 것이 인간의 문제입니다. 우리 마음처럼 우리가 다스릴 수 없는 것도 없습니다. 자신의 마음을 강하게 사로잡고 끄는 우상을 스스로 다 포기하고, 하나님 나라를 먼저 추구하는 사람은 없을 것입니다.

그렇다면 어떻게 구원받을 수 있을까요? 주님께서 "사람으로는 할 수 없으나 하나님으로는 다 하실 수 있느니라"(마 19:26)고 하셨습니다. 하나님 나라에 들어가는 것은 전적인 하나님의 은혜로만 가능합니다. 하나님의 은혜는 인간적으로는 불가능한 것을 가능하게 하는 은혜입니다. 인간이 할 수 없는 일, 즉 죄의 욕망으로 포로가 된 데서 우리 마음을 자유롭게 하는 회개를 가능하게 합니다. 회개를 요구하신 주님께서 회개를 가능하게 하는 은혜도 제공하십니다. 하나님은 항상 명령하시고 명령하신 바를 행할 수 있는 은혜를 주십니다. 회개는 하나님 나라에 들어가는 방편이며 조건인 동시에 하나님 나라의 축복입니다. 하나님 나라의 첫 열매이지요. 어떤 사람에게 하나님 나라가 임하면 회개의 역사가 일어납니다.

회개 없는 구원은 없다

요즘 일부 교회에서 전파되는 구원의 복음에는 주님께서 말씀하신 회개가 빠져 있습니다. 회개하지 않아도 믿기만 하면 구원받는다고 가르치는 경우가 있습니다. 그것은 심각한 복음의 왜곡입니다. 이것은 기쁜 소식, 복음이 아니라 사람들을 망하게 하는 거짓말이지요. 믿음은 회개를 대신하는 것, 회개의 필요성을 면제해 주는 것이 아닙니다. 오히려 온전히 회개하게 하는 믿음이지요. 믿음은 항상 회개하는 믿음입니다.

회개가 없는 구원은 예수를 믿는다고 하면서 계속 자기가 주인 행세를 하는 자아의 왕국에서 살게 합니다. 그런 사람에게는 하나님의 통치가 임할 수 없지요. 그래서 교회 안에 있지만 하나님 나라와 아무 상관없는 이들이 많습니다. 만약 그 부자 청년이 오늘날 존재한다면, 그는 더 이상 영생을 잃을까 근심하며 염려할 필요가 없을 것입니다. 자신의 재물을 처분하지 않아도 얼마든지 영생을 얻는다는 가르침에 충분히 위로받고, 기뻐하며, 신앙생활을 할 것입니다. 그러다가 결국 망하겠지요. 하나님 나라에 들어가기 위한 필수 조건으로 회개를 요구하지 않는 현대판 구원의 복음이 오늘날 교인들의 신앙을 병들게 하고, 교회를 부패시키고 있습니다.

우리에게 회개의 열매가 없는데, 우리가 구원받는다는 보장이 어디 있나요? 거룩함이 없이는 주를 보지 못한다고 성경에 분명히 쓰여 있는데, 거룩함이 없으면서도 자신의 구원을 확신하는 근거는 도대체 어디에 있다는 말입니까? 그것은 자기 착각, 기만에서 비롯된 것이겠지요. 우리가 참된 믿음을 가졌는지, 참으로 구원받았는지는 회개의 열매로 알 수 있습니다.

거짓 확신에 푹 빠져 신앙생활을 하다가 멸망하는 것보다는 괴로울지라도 자신의 구원을 점검하고 의심해 보는 것이 훨씬 낫습니다. 그것이 온전한 확신에 이르는 길이지요. 우리 신앙생활에는 확신과 두려움이 공존해야 합니다. 이런 두려움이 없는 구원의 확신은 우리를 방종에 빠지게 하며, 결국 멸망에 이르게 합니다. 거룩한 두려움 없이 확신으로만 충만한 사람, 거룩하게 살지 않으면서도 자신이 구원받았다는 확신에 조금도 흔들림이 없는 이는 망할 사람입니다. 마귀는 거짓 구원을 받은 사람들의 확신을 전혀 흔들거나 공격하지 않고 더욱 강화합니다. 그래서 자기기만에 빠져 확실하게 망하게 합니다. 거룩하게 살지 않으면서 믿었기에 구원받았다고 굳게 확신하는 것은 마귀가 준 거짓 확신입니다. 마귀는 참으로 구원받은 이들의 확신을 공격합니다. 자신의 구원을 의심하게 합니다. 그러나 주님께서는 구원의 확신을 흔드는 마귀의 역사를 역이용하셔서, 믿는 이들이 온전한 믿음에 서 있는지 자신의 구원을 더욱 확인하게 하십니다.

부자들을 근심케 하지 않는 현대판 복음

현대 교회는 주님이 결단코 하나
님 나라에 들어갈 수 없다고 확실히 제외시킨 사람, 곧 재물과
세상을 하나님보다 더 사랑하는 사람도 믿기만 하면 구원받는
길을 활짝 열어 놓았습니다. 하나님 나라와 정면으로 상충되는
이 세상의 물질주의, 성장주의 가치관이 이제는 하나님 나라의
원리로 혼동되고 있습니다. 심지어 교회가 이 세상의 성장 제
일주의 가치관을 따르면서 그것을 하나님 나라의 가치로 포장
합니다. 이 자본주의 제국의 번영과 영광을 은밀히 추구하면서
그것을 하나님 나라의 영광으로 교묘히 위장합니다.

기독교 신앙은 세상의 번영에 대한 미련과 욕심을 버리지
않아도 될 뿐 아니라, 그것을 얻는 수단으로 이용되고 있습니
다. 한국 교회에 만연한 번영 신학과 기복 신앙이 바로 그런 증
거이지요. 이제 교회는 하나님 나라의 현실이 임한 공동체가
아니라 세상 제국의 연장입니다. 교인들은 어린양 예수만을 충
성스럽게 따르는 이들이 아니라, 자본주의 제국의 충실한 시녀

역할을 하는 이들로 길들여지고 말았습니다.

한국 교회가 총체적인 위기를 맞이한 이유는 무엇일까요? 그것은 교회 안에서 하나님 나라로 돌이키는 회개가 사라진 까닭입니다. 지금이라도 하나님 나라로 돌이키는 철저한 회개가 있어야 합니다. 복음서 전체가 강조하고 있는 것이 하나님 나라로 들어가는 회개입니다. 주님의 첫 번째 메시지는 "하나님의 나라가 가까이 왔으니 회개하고 복음을 믿으라"(막 1:15)는 말씀이었지요. 주님은 하나님 나라에 들어가기 위해 꼭 거쳐야 할 관문으로써 회개를 강조했습니다. 이 회개 없이는 누구도 하나님 나라에 들어갈 수 없다는 것이 조금도 타협할 수 없는 주님의 말씀입니다. 그 진리를 부자 청년의 예를 통해 극명하게 밝혀 주셨습니다. 회개는 하나님 나라에 들어가는 필수 불가결한 조건인 동시에 하나님 나라의 은혜입니다. 하나님 나라의 첫 열매입니다. 성령의 산물이지요. 주님께서 성령으로 거듭나지 아니하면 하나님 나라에 들어갈 수 없다고 하셨습니다.

회개하게 하는 성령의 은혜

우리를 회개하게 하는 성령의 은

혜는 먼저 우리를 조명합니다. 어떻게 우리의 가치관과 우리가 사랑하는 대상이 근본적으로 달라질 수 있을까요? 우리가 지금까지 가장 가치 있게 생각하고 애착했던 것보다 훨씬 더 가치 있고 진귀한 것을 발견하면, 자연히 그런 변화가 일어날 수밖에 없지요. 밭에 감추인 보화를 발견한 사람이 그 좋은 예입니다. 그는 자신의 소유보다 훨씬 더 가치 있는 보화가 밭에 감추어져 있다는 사실을 발견했기에 소유를 다 팔아 밭을 구입했던 것입니다. 그렇지 않고는 밭을 팔지 않았을 것입니다. 땅에 묻힌 보화를 발견하지 못했는데, 자기 소유를 다 팔아 별 가치 없는 밭을 산다는 것은 참으로 어리석은 일이지요.

우리도 지금까지 우리가 귀하게 여기고 좇았던 세상 것과 비할 수 없이 가치 있는 것을 먼저 발견하지 못하고는, 우리가 움켜쥐고 있는 것들을 내려놓을 수 없습니다. 먼저 우리에게 성령의 조명이 임해야 합니다. 그래서 전에 보지 못했던 영광스러운 세계, 삼위 하나님의 위대한 구원 사역과 새 창조의 사역이 펼쳐지는 하나님 나라, 그 은혜의 풍성함과 영광의 탁월함을 발견해야 합니다. 그래야 세상에 끌렸던 우리 마음이 하나님 나라에 매료되는 것이지요. 어느 누가 먼저 죄와 세상에 대한 애착과 미련을 다 버리고 스스로 하나님 나라를 추구할

수가 있겠습니까? 주님이 우리를 먼저 찾아와 그 영광스러운 얼굴빛을 우리 마음에 비추어 주셨기에 우리가 세상 것을 버리고 주를 좇게 되는 것이지요.

부자 청년이 자신의 소유를 포기하지 못한 것은 재물에 대한 애착과 욕심이 많았기 때문만이 아니라, 더 좋은 것을 발견하지 못했기 때문이지요. 부자 청년에게 있어서 가장 슬프고 안타까운 점은 그가 하나님 나라의 놀라운 영광과 보화를 눈앞에 보면서도 그것을 인식하지 못했다는 사실입니다. 바로 자기 앞에 계신 분이 하나님 나라의 주인이고 영광이며 보화인데, 그가 눈이 어두워 그 사실을 보지 못한 것입니다.

구약의 기라성 같은 신앙의 위인들, 모세와 다윗과 선지자들이 그토록 보기를 원했으나 보지 못한 하나님의 영광, 즉 하나님의 아들이 육체 가운데 임한 영광을 그는 지금 보고 있는 것입니다. 그들이 그토록 듣고 싶어도 듣지 못했던 주님의 말씀을 듣고 있는 것입니다. 그 청년은 주님을 선한 분, 랍비 정도로 알았지만, 그분이 하나님의 아들이며 메시아인 것을 알지 못했던 것입니다. 천국의 문이 자기 앞에 열려 있는데, 그 문으로 들어가지 못하고 영생을 놓친 것입니다. 얼마나 안타까운 일인가요?

눈앞에 열린 천국을 놓친 사람들

지금도 천국의 문 앞에서 평생 서성거리다가 그 문으로 들어가지 못하는 교인들이 있습니다. 이 땅에, 특별히 교회에 하나님 나라가 임했습니다. 천국은 죽어서 가는 곳이 아니라 살아서만 갈 수 있는 곳입니다. 천국에 들어가는 문은 하늘이 아니라 이 땅에 열려 있습니다. 이 땅에서 복음을 믿어 거듭난 사람이 그리스도와 성령 안에 임한 하나님 나라에 들어가, 그 나라를 누리다가 마지막에 완전한 천국에 들어가게 됩니다. 지금 우리 가운데 영광스러운 하나님 나라가 임했습니다. 그 나라의 주인이신 부활하신 주님께서 성령으로 우리 가운데 함께하십니다. 복음을 통해 주님의 얼굴빛을 비추어 주십니다. 예수 그리스도가 해같이 떠올라 우리에게 비치고 있습니다. 말씀으로 당신을 계시하고 계십니다. 우리는 더 탁월한 방식으로 주님의 영광을 보는 사람들입니다.

복음의 빛이 비치면 거짓말, 비진리로 우리를 지배하는 어두움의 왕국에서 우리가 자유롭게 됩니다. 치유하는 광선이 병든 우리 심령을 비춥니다. 우리 심령을 변화시키는 새 언약의 은혜가 임합니다. 새 언약의 영, 곧 성령이 우리 안의 부패한 마음을 정화하는 불로 역사합니다. 우리에게 떨어져야 할 하나님의 맹렬히 타오르는 진노의 불, 심판의 불이 십자가 위의 예수님께 떨어져 예수님을 삼켰기에, 우리에게는 은혜의 불, 사랑의 불인 성령의 불이 임해 우리의 모든 죄가 정결하게 되고 우리가 새롭게 되는 것입니다. 우리 주님께서 십자가에서 자신을 저주하시고 버리시는 하나님의 무시무시한 진노의 얼굴을 대면하셨기에, 우리는 죄인을 용서하시고 사랑하시는 하나님의 밝은 미소의 얼굴을 보게 된 것입니다. 성령께서 복음을 통해 그 영광의 얼굴을 우리 마음에 비추어 주십니다. 우리가 그 영광을 볼 때 우리는 밭에 감추인 보화를 발견한 사람처럼 기뻐하며, 가서 자신의 소유를 팔아 하나님 나라의 보화를 삽니다.

하나님 나라는 하나님의 주권적인 은혜로 임합니다. 하나님께서 빛이 비추라 하시면 빛이 비춥니다. 누구도 막지 못합니다. 그러나 성령의 은혜와 조명은 간절히 구하는 이에게 임합니다. 하나님 나라가 임하기를 기도하라고 하셨습니다. 구하고 찾고 두드리라고 하셨습니다. 구하는 자에게 성령을 주시지 않겠느냐고 하셨습니다. 성령의 충만한 은혜를 구해야 합니다. "얼굴빛을 우리에게 비추어 주시고, 하나님 나라의 보화를 발견하게 하시고, 하나님 나라로 돌이키는 회개의 역사가 일어나게 하소서"라고 간절히 기도해야 합니다.

01 _ 모든 소유를 팔아 가난한 자에게 나누어 주고 자신을 좇으라고 하신
주님의 요구가 의미하는 바는 무엇인가?

02 _ 하나님 나라에 들어가기 위한 필수 조건으로서의 회개란 무엇인가?

03 _ 청년이 자신의 소유를 포기하지 못한 근본 이유는 무엇인가?

04 _ 회개 없이도 믿기만 하면 구원받을 수 있는가?

05 _ 거짓 구원의 확신에 사로잡힌 이들의 특징은 무엇인가?

06 _ 회개는 하나님 나라에 들어가는 조건인 동시에 하나님 나라의 은혜
이다. 회개하라고 요구하신 주님께서 회개의 은혜를 주신다. 우리를
회개하게 하는 성령의 역사(조명)는 어떤 것인가?

우리의 얼굴을
찾을 때

03

우리가 다 수건을 벗은 얼굴로 거울을 보는 것 같이 주의 영광을 보매 그와 같
은 형상으로 변화하여 영광에서 영광에 이르니 곧 주의 영으로 말미암음이니
라 · 그러므로 우리가 이 직분을 받아 긍휼하심을 입은 대로 낙심하지 아니하
고 · 이에 숨은 부끄러움의 일을 버리고 속임으로 행하지 아니하며 하나님의
말씀을 혼잡하게 하지 아니하고 오직 진리를 나타냄으로 하나님 앞에서 각
사람의 양심에 대하여 스스로 추천하노라 · 만일 우리의 복음이 가리었으면
망하는 자들에게 가리어진 것이라 · 그중에 이 세상의 신이 믿지 아니하는 자
들의 마음을 혼미하게 하여 그리스도의 영광의 복음의 광채가 비치지 못하게
함이니 그리스도는 하나님의 형상이니라 · 우리는 우리를 전파하는 것이 아
니라 오직 그리스도 예수의 주 되신 것과 또 예수를 위하여 우리가 너희의 종
된 것을 전파함이라 · 어두운 데에 빛이 비치라 말씀하셨던 그 하나님께서 예
수 그리스도의 얼굴에 있는 하나님의 영광을 아는 빛을 우리 마음에 비추셨
느니라   고린도후서 3:18-4:6

얼굴 없는 사람들

　　　　　　　　어떻게 보면 이 세상은 가면무도
회와 같습니다. 온통 가면 쓴 사람들로 가득합니다. 인간의 참
된 얼굴을 볼 수 없는 세상에 살고 있습니다. 모두들 자신만의
독특한 얼굴을 잃은 채 이 사회가 원하는 획일화된 모습으로
변형된 복제 인간이 되고 있습니다. 우리 인생의 문제는 얼굴
이 없는 존재로 살아가는 것입니다. 평생 가면을 쓰고 살지요.
이 가면은 상대의 얼굴뿐 아니라 자기 자신의 얼굴도 보지 못
하게 합니다. 동시에 하나님의 얼굴도 보지 못하게 합니다. 결
국 하나님과 이웃과 자기 자신의 얼굴을 잃게 합니다. 이 가면

은 하나님의 얼굴빛이 우리에게 비치는 것을 차단합니다. 얼굴과 얼굴로 만나는 하나님과의 인격적인 교제를 불가능하게 합니다.

인간이 원래 하나님의 형상대로 지음을 받았다는 것은 하나님의 영광과 얼굴을 반영하는 존재로 창조되었음을 의미합니다. 인간의 얼굴에 하나님의 얼굴이 나타나는 것입니다.

죄로 인해 하나님의 형상을 잃은 인간을 대표하여, 예수님께서 하나님의 형상을 회복한 인간으로 오셨습니다. 온전한 인간이신 예수님의 얼굴에 하나님의 얼굴을 나타내셨습니다. 그래서 바울 사도는 예수 그리스도의 얼굴에 있는 하나님의 영광을 아는 빛을 비추었다고 했습니다. 하나님의 얼굴빛을 반영하는 예수의 얼굴이 세상을 밝히는 빛입니다. 또한 예수 그리스도 안에서 하나님의 얼굴빛에 비추임을 받고, 그 얼굴을 반영하는 그리스도인들이 세상의 빛입니다. 하나님의 얼굴빛은 인간의 얼굴을 통해 세상에 비추입니다.

회개란 가면을 벗는 것입니다. 구원이란 인간의 참된 얼굴, 곧 하나님의 얼굴을 반영하는 얼굴을 되찾는 것입니다. 그것이 바로 하나님의 형상을 회복하는 길이지요. 신앙생활은 자신의 참된 얼굴을 가지고 사는 것입니다. 하나님과 이웃과의 단절을

초래한 가면이 제거되면, 얼굴과 얼굴로 만나는 진정한 교제가 이루어집니다. 그것이 성화이지요. 하나님의 얼굴빛을 차단하는 복제 인간들의 가면으로 가득하여 어두워진 세상에서, 가면을 벗고 하나님의 얼굴빛을 반사하는 참된 인간의 얼굴을 가지고 사는 것이 세상을 밝히는 그리스도인의 미션입니다.

얼굴의 신학

성경에는 얼굴의 신학이 담겨 있습니다. 성경은 하나님의 얼굴 계시입니다. 복음은 주님의 얼굴빛의 증거입니다. 구원 역사가 점진적으로 발전되면서 하나님의 얼굴이 더욱 선명하게 계시되지요. 하나님께서 그 영광을 아브라함과 모세와 이스라엘 백성들에게 계시하셨습니다. 그 영광이 성전에 구름과 불이라는 상징을 통해 나타났습니다. 율법 아래서 하나님의 영광을 은폐의 방식으로 보여주셨습니다.

시내 산에서 하나님으로부터 율법을 받고 내려온 모세의 얼굴에 광채가 있었습니다. 모세는 그 광채를 가리려고 얼굴에 수건을 썼습니다. 왜 그랬을까요? 바울 사도는 그 이유를 이렇게 설명했습니다.

우리는 모세가 이스라엘 자손들에게 장차 없어질 것의 결국을
주목하지 못하게 하려고 수건을 그 얼굴에 쓴 것 같이 아니하
노라   고후 3:13

바울 사도는 이스라엘 백성들이 앞으로 사라질 모세의 얼
굴에 있던 영광을 주목하지 못하게 하려고 그 얼굴에 수건을
썼다고 했습니다.

율법의 직분은 우리의 죄를 드러내는 정죄의 직분이지만
율법 자체는 의롭고 거룩한 것입니다. 그런 면에서 율법의 직
분에도 영광이 있습니다. 그러나 이 직분의 영광은 점점 사라
질 영광, 훨씬 더 밝은 복음의 영광 앞에 그 빛이 흐려질 영광
이었지요. 복음 사역자들이 모세와 같이 수건을 쓰지 않는 것
은 이제 복음을 통해 전보다 훨씬 더 탁월하고 사라지지 않을
영광을 증거하기 때문입니다.

주의 얼굴을 보여주소서

고린도후서의 말씀 속에도 바울의
얼굴 신학이 등장합니다. 이는 모세가 주의 영광을 본 것을 비

유한 말씀입니다.

> 우리가 다 수건을 벗은 얼굴로 거울을 보는 것과 같이 주의 영광
> 을 보매 저와 같은 형상으로 변화하여 영광에서 영광에 이르니
> 곧 주의 영으로 말미암음이니라   고후 3:18

모세는 이스라엘 백성들을 가나안 땅으로 인도하기 전에 주의 영광을 보여달라고 기도했습니다(출 33:18). 주의 얼굴을 보여달라는 기도였지요. 그러자 하나님께서는 내 얼굴을 보고 살 자가 없다고 하시면서 그를 반석 틈 사이에 두시고, 그곳을 지나가시는 동안 모세를 손으로 덮어 그 얼굴을 보고도 죽지 않게 하셨습니다. 그 등만 보게 하셨습니다.

이와 같은 모세의 간절한 소원이 신약 시대에 사는 우리에게 더 온전히 성취되었습니다. 우리는 복음을 통해 더 탁월한 방식으로 주님의 얼굴을 봅니다. 하나님께서는 예수 그리스도의 얼굴에 있는 하나님의 영광을 아는 빛을 우리에게 비추십니다. 그래서 우리는 수건을 벗은 얼굴로 거울을 보는 것 같이 주의 영광을 봅니다. 예수의 얼굴을 통해 하나님의 얼굴, 하나님의 영광을 보는 것이지요. 주님께서 나를 본 사람은 아버지를

본 것이라고 말씀하셨습니다.

그런 면에서 세례 요한이 모세보다 더 밝히 주님의 얼굴을 본 사람입니다. 세례 요한은 구약의 마지막 선지자이면서 신약 시대의 선구자라고 할 수 있습니다. 신구약의 징검다리 역할을 하고 있지요. 주님께서는 세례 요한을 가리켜 여자가 낳은 자 중에 그보다 더 큰 이가 없다고 하셨습니다(마 11:11). 세례 요한 전에 존재했던 구약의 모든 신앙의 위인들과 선지자들보다 세례 요한이 더 크다는 말씀입니다. 왜 그럴까요?

그것은 세례 요한이 구약의 모세와 선지자들이 그토록 소 망했던 하나님의 놀라운 영광이 시온에 임하는 것을 직접 목격 하고, 그 영광을 증거한 사람이었기 때문입니다. 그는 하나님의 영광이 인간의 육체 가운데 나타난 것, 즉 육신을 입으신 하나 님의 아들 예수 그리스도를 직접 목격한 것입니다. 모세와 선지 자들이 그토록 간절히 보기 원했던 것을 그가 본 것이지요. 그 런 면에서 그가 구시대에서는 가장 위대한 선지자입니다.

그러나 새 시대에서는 가장 작은 자이지요. 그래서 주님은 천국에서 지극히 작은 자라도 세례 요한보다 크다고 했습니다. 천국에서 지극히 작은 자는 누구일까요? 이는 성령이 임한 교 회 시대의 천국 공동체인 신약 교회에서는 지극히 작은 자도 세례 요한보다 더 크다는 뜻입니다. 놀라운 말씀이지요.

인류 역사에서 가장 위대한 사람들

왜 그럴까요? 세례 요한은 구약의 선지자들이 보지 못한 육신 가운데 나타난 하나님의 영광을 친히 보았습니다. 그러나 요한은 아직 십자가와 부활을 통해 하나님의 영광이 더 찬란하게 나타나는 것을 보지 못했습니다.

인간이 보기에 가장 비참하고 수치스러운 십자가 죽음이 곧 하나님의 영광이 밝히 드러난 사건입니다. 거기서 죄에 대해 진노하시는 하나님의 거룩하심이 드러났습니다. 자신과 원수 된 죄인들과 화목하시기 위해 당신의 사랑하는 아들을 저주하시고 버리시는 하나님의 놀라운 사랑과 인자하심이 나타났습니다. 하나님의 모든 은혜로운 성품과 속성, 그 지혜의 부요함이 십자가에서 선명하게 드러났습니다.

또한 예수 그리스도를 죽은 자 가운데서 살리시고, 하늘의 아버지 우편에 앉히시고, 하늘과 땅의 모든 권세를 부여하심을 통해 하나님의 무한한 능력과 영광이 밝히 드러났습니다. 영원 전부터 감추어져 있던 하나님의 비밀이 계시되었습니다.

세례 요한은 미처 이 영광의 클라이맥스를 보지 못했습니다. 이 탁월한 영광을 증거하는 완성된 복음을 미처 듣지 못했습니다. 이 영광을 우리에게 계시하고 복음을 증거하는 성령, 곧 오순절에 임한 새 언약의 영을 우리처럼 풍성히 누리지 못했습니다. 이런 면에서 교회 시대에 복음 사역자로 부름받은 우리는 모세보다 더 위대하고 세례 요한보다도 더 큰 사람들입니다.

인생의 위대함과 영광은 얼마나 그리스도의 영광을 밝히 보느냐에 달렸습니다. 우리는 인류 역사 속에서 가장 위대한 사람으로 부름받았습니다. 우리에게는 예수 그리스도의 십자가와 부활, 승천 그리고 오순절 성령 강림으로 완성된 복음이 주어졌습니다. 그리스도의 영광의 복음을 전할 수 있는 특권이 주어졌습니다. 성령은 우리가 전파하는 이 영광의 복음을 조명해 주십니다. 그리스도의 얼굴에 있는 하나님의 영광을 아는 빛을 복음을 듣는 이들의 마음에 비추십니다.

마음으로 보는 주의 얼굴

바울 사도는 이렇게 말했습니다.

어두운 데에 빛이 비치라 말씀하셨던 그 하나님께서 예수 그리
스도의 얼굴에 있는 하나님의 영광을 아는 빛을 우리 마음에 비
추셨느니라
                                                        고후 4:6

복음의 빛이 성령의 조명에 의해 우리 마음을 비출 때 참된
믿음이 생깁니다. 그래서 칼빈은 말씀과 성령은 항상 함께 역
사해야 함을 강조했습니다. 성령의 조명이 있어야 복음의 진리
를 바르게 깨닫고 믿게 된다는 것입니다.

복음을 들은 뒤 예수님에 대한 내용이 역사적인 사실이라
고 인정하고, 이를 관념적으로 이해할 수 있습니다. 그렇게 관
념적으로, 지적으로 인식하는 것이 믿음의 한 요소이기는 합니
다. 하지만 그것만으로는 참된 믿음이라고 할 수 없습니다. 복
음의 내용을 관념적으로 아는 것에는 그 영광을 보는 빛이 없
을 수 있습니다. 복음에 계시된 그리스도의 영광을 보는 마음
의 감각, 작용이 없는 것이지요.

아름다움에 대한 개념만 가지고는 마음에 감동이 일어나
지 않습니다. 숨이 멎을 정도로 눈부시게 아름다운 대상을 보
고 넋이 나갈 때 아름답다는 것이 무엇인지 참으로 알고 느끼
게 되지요. 그 아름다운 대상을 볼 때 마음에 즐거움이 일어납

니다. 자연히 마음이 끌리게 되고, 그 아름다운 이를 자꾸 보고 싶어집니다.

주님의 얼굴을 본다는 것은 어떤 신비한 체험을 의미하지 않습니다. 환상을 보는 것을 뜻하지 않습니다. 어떤 신비한 빛이 우리 마음에 환하게 비쳐 오는 것을 의미하지도 않습니다. 그것은 예수 그리스도의 복음을 통하여 계시된 그리스도의 영광과 아름다움을 발견하는 것입니다. 복음에 그리스도가 얼마나 자비하고 온유하며 거룩하고 존귀하며 영광스럽고 아름다운 분인지가 밝히 계시되었습니다.

어떤 사람은 자주 만나고 오래 아는 사이임에도 그 속을 도통 알 수 없는 경우가 있습니다. 그러나 한 번도 보지 못했음에도 그 사람의 됨됨이를 잘 알 수도 있습니다. 사랑의 원자탄이라고 불리는 고(故) 손양원 목사님을 우리는 한 번도 본 적이 없습니다. 그러나 손 목사님이 얼마나 고귀한 사랑을 실천했는지, 어떤 인격자였는지는 증언을 통해 마음에 그려 볼 수 있습니다. 존경하고 흠모할 만한 이미지가 우리 마음에 새겨집니다.

이같이 우리에게는 육안으로 보지 못하는 인격과 영혼을 보는 마음의 눈이 있습니다. 우리는 주님을 한 번도 육안으로 보지 못했습니다. 그러나 신구약 성경에는 주님에 대한 신실하고 확실한 증언을 담은 광맥이 흐르고 있습니다. 이 말씀을 통해 주님의 모든 아름다운 성품과 사역과 영광이 밝히 드러납니다. 우리의 말을 통해 우리 영혼의 얼굴이 나타나듯이 그리스도의 말씀을 통해 그리스도의 얼굴이 계시됩니다. 성령께서 말씀을 통해 우리의 어두운 마음에 그리스도의 얼굴을 조명해 주십니다. 성령은 그리스도의 영이십니다. 성령은 말씀을 깨닫게 하실 뿐 아니라, 그리스도가 우리 안에 침투해 들어와 그의 형상을 빚게 하십니다. 그래서 우리가 그리스도의 얼굴빛을 반사하는 얼굴을 갖게 하십니다.

해처럼 밝게 비치는 주님의 얼굴

"어두운 데에 빛이 비치라"(고후 4:6)고 말씀하신 것은 첫 번째 창조 기사를 뜻합니다. 예수 그리스도의 구속 사역은 두 번째 창조, 새 창조입니다. 첫 창조를 빛을 비추심으로 시작하셨듯이 새로운 창조도 빛을 비추심으로 시작하십니다. 복음으로 예수 그리스도의 얼굴빛을 비추심이 새 창조, 곧 구원의 시작입니다. 주님의 얼굴빛을 비추시는 것이 은택이며 구원이고 영생입니다. 주님께서 얼굴빛을 비추시는 데서 모든 은혜가 따라옵니다. 모든 성령의 사역이 시작됩니다.

지금 하나님의 위대한 새 창조가 진행되고 있습니다. 이 물리적인 세상을 비추는 발광체인 해를 만드심과 같이 이제는 영적인 세계에 또 하나의 해가 떠오르게 하셨습니다. 예수 그리스도가 바로 이 어두운 세상을 비추는 빛입니다. '의의 태양The Sun of Righteousness'입니다. 예수 그리스도의 얼굴이 해같이 밝게 이 세상을 비추고 있습니다.

예수 그리스도의 얼굴빛에 비추임을 받은 이들은 하나님께 큰 복을 받은 이들입니다. 구원과 하나님 나라와 영생의 복을 받은 이들입니다. 어두움의 권세에서 아들의 빛의 나라로 옮김을 받은 사람들입니다.

이 세상에 두 부류의 사람들이 있습니다. 빛의 나라에 속한 사람들과 아직 어두움의 나라에 속해 있는 사람들, 빛의 자녀들과 어두움의 자녀들이 존재합니다. 빛의 자녀들은 빛의 열매를 맺고, 어두움의 자녀들은 어두움의 일들을 행한다고 하지요. 복음의 빛에 비추임을 받았는가에 따라 운명이 완전히 갈리고, 두 부류의 사람들로 쫙 나뉘게 됩니다. 거대한 분리가 일어납니다.

지금 어디에 속해 있나요? 복음의 빛이 마음을 비추어 빛의 나라에 속해 있나요, 아니면 아직 어두움의 나라에 속해 있나요? 해처럼 밝은 예수 그리스도의 얼굴빛이 우리 마음을 비추었나요? 하나님의 새로운 창조가 우리 안에서 진행되고 있나요? 스스로가 그리스도 안에서 새로운 피조물로 변해 가고 있나요? 복음의 빛에 비추임을 받고도 새로운 창조에 참여하지 못한 이는 죄로 인해 옛 창조와 함께 멸망하게 됩니다.

> 만일 우리의 복음이 가리었으면 망하는 자들에게 가리어진 것
> 이라   고후 4:3

복음의 빛이 이 어두운 세상에 밝게 비치고 있습니다. 대낮처럼 햇빛이 밝게 비치고 있습니다. 이 빛은 피할 수도 없고 가릴 수도 없습니다. 그럼에도 이 빛을 한 점도 보지 못하고 암흑속에서 헤매는 것은 진리의 빛을 필사적으로 거부하는 우리 안의 악한 마음 때문입니다. 악한 마음이 손바닥으로 하늘을 가리려는 것처럼 이 빛에 눈을 감아 버리기 때문입니다. 거기에 더해 이 세상 신, 마귀가 믿지 아니하고 불순종하는 사람들의 마음을 더욱 어둡고 혼미하게 하여 이 빛이 그 마음에 비치지

못하게 하는 까닭입니다.

> 그중에 이 세상의 신이 믿지 아니하는 자들의 마음을 혼미하게
> 하여 그리스도의 영광의 복음의 광채가 비치지 못하게 함이니
> 그리스도는 하나님의 형상이니라   고후 4:4

복음의 빛이 우리 마음에 비치는 것은 전적인 하나님의 은혜입니다. "빛이 비치라"고 말씀하시면 그대로 이루어지듯이 그 누구도 하나님께서 그 얼굴빛을 비추시는 사역을 거스를 수 없지요. 하나님의 은혜는 우리의 완고한 마음과 사탄의 방해를 무력화하여 모든 거침돌을 제거하고 우리 마음에 복음의 빛이 비치게 합니다.

주의 얼굴을 보지 못하는 교인들

주님께서 자신을 계시하시고 그의 얼굴빛을 우리에게 비추는 것은 은총과 구원과 축복을 뜻합니다. 그러나 자신의 얼굴을 가리시는 것은 우리에게 심판입니다. 주님께서 얼굴을 비추실 때 모든 은혜가 따라옵니다. 그러

나 주님께서 얼굴을 가리실 때 모든 재앙이 임합니다. 하나님의 심판이 먼저 교회에서 시작된다고 했는데, 하나님의 심판의 시작은 곧 하나님께서 그 얼굴을 우리에게 가리시는 것입니다. 그다음에는 하나님의 징계가 임하게 됩니다. 지금 한국 교회가 그런 상태는 아닌지 심히 염려스럽습니다.

주의 영광을 보지 않고는 구원도 성화도 있을 수 없지요. 왜 요즘 교인들은 구원받은 사람 같지 않을까요? 왜 교회와 교인들이 그리스도의 형상을 따라 성화되지 않고 도리어 세속화되어 가고 있을까요? 교회가 세속화되는 일차적인 책임은 교회 강단에 있다고 봅니다. 그것은 강단에서 그리스도의 영광을 밝히 제시하는 설교가 전파되지 않기 때문입니다.

교회에서 어떤 메시지가 전파되느냐에 따라 교인들과 공동체는 그 설교가 형상화하는 모습으로 점차 변해 갑니다. 교회에서 복음으로 얄팍하게 포장한 제국의 영광과 번영을 전하는 기복 신앙과 번영 신학의 메시지가 전파되면, 교회는 그리스도가 아니라 세상을 닮은 집단으로 변합니다. 그런 설교를 통해서는 성령이 아니라 세상 신이 은밀히 교인들의 마음과 생각을 세속 풍조의 틀 속에 집어넣어 세상의 모형으로 찍혀 나오게 합니다.

그리스도의 영광이 전혀 드러나지 않고, 자본주의 제국의 영광을 좇는 욕망으로 일그러진 목사의 얼굴이 드러나는 설교가 전파되는 교회에 교인들이 인산인해를 이루고 있습니다. 교인들이 영적으로 어둡고 분별력이 없습니다. 그러니 교활한 종교업자 같은 자들이 이런 교인들의 영적인 무지와 어두움을 이용하여 대형 교회를 이루는 어두운 시대를 맞이했습니다. 이런 자들이 교인들을 자신의 야심을 위해 종으로 삼는 것이지요. 교인들을 목회 성공을 위해 도구화하는 것입니다. 그들은 자신이 왕처럼 대우받고 군림하는 종교 왕국을 세우려고 합니다.

그러나 참된 목자는 교인들 한 사람 한 사람을 그리스도를 닮아 가는 이로 세우기 위해 섬기는 종이지요.

> 우리는 우리를 전파하는 것이 아니라 오직 그리스도 예수의 주 되신 것과 또 예수를 위하여 우리가 너희의 종 된 것을 전파함이라
>
> 고후 4:5

교인들이 영적으로 깨어나 그리스도의 영광과 얼굴이 드러나는 설교를 분별하고 들을 수 있어야 합니다.

사람들의 마음을 훔쳐 가는 제국의 영광

　　　　　　　　　마음이 계속 무엇을 바라보느냐에
따라 우리는 점차 우리가 바라보는 대상의 형상으로 변화됩니
다. 세상과 제국의 영광을 계속 바라보고 추구하며 살면, 세상
사람들과 똑같은 속물스러운 모습으로 변해 갑니다. 우리 마음
이 그리스도의 영광에 매료되지 않으면 세상의 영광에 마음을
빼앗길 수밖에 없습니다. 이 제국의 화려한 영광이 그리스도의
영광과 라이벌이 되어 우리 마음을 서로 빼앗으려고 각축전을
벌입니다.

　매일 길거리에서, 백화점과 번화한 쇼핑몰에서, 안방에서
인터넷과 텔레비전을 통해 수많은 제국의 영광과 번영과 풍요
를 전파하는 이미지와 상업 메시지를 접하며 삽니다. 이런 것
들은 경제적인 풍요와 기술의 발전이 얼마나 우리 삶을 윤택
하게 하고 편리하게 하는지 우리를 설득합니다. 그래서 우리의
돈지갑을 열게 할 뿐 아니라 우리 마음까지 열게 합니다.

　이 자본주의 제국의 강력한 메시지와 이미지는 우리 마음
과 생각을 사로잡아 우리의 가치관과 삶의 패턴을 바꾸어 놓
습니다. 세상 풍조와 가치관에 순응해서 살 수밖에 없게 합니
다. 이 세상의 거대한 시류를 거슬러 살 엄두를 내지 못하게 합

니다. 결국 우리는 서서히 자본주의 제국의 신화와 문화가 강압하는 복제 인간으로 빚어져 가는 것입니다. 이런 세상의 문화와 풍조는 사탄의 지배 아래 있습니다. 현대 사회를 지배하고 있는 자본주의 제국의 복음, 곧 경제적인 풍요와 첨단 과학 기술 문명의 발전이 우리에게 평안과 행복을 안겨 준다는 신화는 하나님의 말씀이 아니라 마귀의 거짓말에서부터 나온 것입니다.

사람들은 정신없이 세상의 문화와 풍조와 유행을 따라 삽니다. 돈으로 온갖 문명의 이기와 혜택을 누림으로써 우리가 더욱 자유로워진다고 믿으며, 열심히 물질을 추구합니다. 마귀는 이런 이들에 전혀 관여할 필요가 없습니다. 마귀는 손 하나 까닥하지 않고 낮잠을 자면서도 사람들을 자기 손아귀에 넣고 완전히 장악할 수 있습니다.

세상의 풍조와 유행과 가치관이 인간을 사로잡는 사탄의 강력한 무기와 사슬입니다. 한국 교회와 교인들이 이런 세속 문화의 포로가 되었습니다. 교회가 돈과 성장과 숫자의 노예가 되어 영적으로 황폐해졌습니다. 오늘날 한국 교회에는 해방의 복음이 다시 절실하게 필요합니다.

해방의 기쁜 소식

구원은 해방입니다. 하나님의 위대한 해방의 역사입니다. 복음은 해방의 기쁜 소식입니다. 성령은 우리에게 진리의 빛을 비추어 거짓말로 우리를 지배하는 어두움의 왕국에서 우리를 해방합니다. 사탄이 우리를 지배하는 유일한 권세와 무기는 거짓말입니다. 우리 마음을 어둡게 하고 미혹하게 하여 진리를 깨닫지 못하게 하는 것이지요.

우리가 하나님의 말씀을 믿지 않는 것은 그 무엇인가 다른 것을 믿는다는 것입니다. 그리고 그 다른 것은 비진리, 거짓말입니다. 그 거짓말의 배후에는 항상 거짓의 아비인 사탄이 도사리고 있지요. 진리의 빛이 비치면 거짓말로만 지탱되었던 어두움의 왕국, 사탄의 왕국이 무너집니다. 우리가 자유롭게 됩니다. 그래서 주님께서는 "진리를 알지니 진리가 너희를 자유롭게 하리라"(요 8:32)고 말씀하셨습니다. "아들이 너희를 자유롭게 하면 너희가 참으로 자유로우리라"(요 8:36)고 하셨지요.

그러므로 진리를 바로 알아야 합니다. 우리 안에는 사탄의 거짓말에 영향을 받은 세속적인 가치관과 세계관, 왜곡된 복음, 하나님에 대한 뒤틀린 이미지와 개념, 편견과 오해가 가득합니다. 사탄이 그것을 통해 우리를 지배합니다. 사탄의 거짓말 대신 진리가 우리 안에 풍성히 거하여 우리를 주관할 때 우리는 진정으로 자유롭게 됩니다. 세상에서 홍수와 같이 밀려오는 제국의 물신 숭배적인 이미지와 세계관을 압도할 만큼 그리스도의 말씀이 우리 안에 꽉 차야 우리 마음과 생각과 상상 속에 사탄의 거짓말이 들어올 틈이 없게 됩니다. 그것이 바로 말씀이 우리 안에 풍성히 거하는 것입니다.

말씀이 우리 안에 풍성히 거한다는 것은 말씀이 얄팍한 지식의 차원에만 머무는 것이 아니라, 우리 마음의 중심에 거하여 우리 욕망과 인격과 삶을 구체적으로 주관하는 것을 의미합니다. 말씀에 의해 우리 삶의 원리와 가치관이 재편성됨을 뜻하지요. 그런데 말씀이 우리 삶과 인격에 전혀 영향을 미치지 못하고 우리 밖에서만 맴돌 수도 있습니다. 우리 마음이 세상 관심과 욕심으로 가득 차서 말씀이 거할 틈이 없는 까닭입니다.

주님을 다시 죽이는 교인들

주님께서 유대인들에게 "내 말이 너희 안에 있을 곳이 없으므로 나를 죽이려 하는도다"(요 8:37)라고 하셨습니다. 이것이 유대인의 문제만은 아닙니다. 우리도 머리와 입으로는 주님을 인정하지만 마음으로는 주님을 배척할 수 있습니다. 죄와 세상에 대한 애착과 욕망이 우리 마음에서 말씀과 성령을 밀어냅니다. 육신의 마음을 책망하고 대적하는 성령이 죽이고 싶도록 미운 것입니다. 내가 원하는 대로 살지 못하게 하는 성령을 할 수만 있다면 없애 버리고 싶은 것이지요. 우리 안의 부패한 육신의 마음은 하나님과 원수가 된다고 했습니다. 우리 안에도 하나님을 원수처럼 미워하며, 할 수만 있다면 하나님을 죽이고 싶은 마귀적인 악심이 도사리고 있습니다.

과거 유대인들만 주님을 죽인 것이 아닙니다. 지금도 우리 안의 육신의 마음은 주님을 죽이려 합니다. 주님께서 다시 우리 앞에 오시면 우리도 여러 가지 이유로 그를 다시 죽일 것입니다. 어떤 면에서 우리는 지금도 주님을 죽이려고 합니다.

부활하신 주님께서 성령을 통해 우리 가운데 다시 오셨습니다. 과거 유대인들이 육신으로 오신 주님을 배척하고 십자가에 못 박았다면, 우리는 성령을 통해 우리 가운데 오신 그리스도를 배척하고 소멸시키고 있습니다. 우리 마음에 있는 이런 악심 때문에 성령이 충만하게 임재하는 교회 속에 살고 있으면서도 성령의 생수가 한 방울도 우리 안에 스며들지 않는 것입니다.

주님의 얼굴에서 비치는 치유의 광선

복음을 통해 비치는 주님의 얼굴 빛에는 치유하는 권능이 있습니다. 구약의 마지막 장에 이런 말씀이 있습니다.

> 내 이름을 경외하는 너희에게는 공의로운 해가 떠올라서 치료하
> 는 광선을 비추리니 너희가 나가서 외양간에서 나온 송아지같이
> 뛰리라   말 4:2

말라기의 예언대로 의의 태양이신 예수 그리스도께서 떠올라 우리에게 치료하는 광선을 비추십니다. 그 얼굴빛을 비추사 죄로 망가진 인생을 치유하십니다. 죄로 일그러진 하나님의 형상을 회복하시지요. 하나님께서 인간을 창조하시고 보시기에 심히 좋았다고 하셨습니다. 그러나 인간은 죄로 말미암아 형편 없이 망가져 주님께서 보시기에 심히 비참한 상태입니다. 주님께서는 망가진 우리를 고쳐 온전하게 하심으로, 하나님 안에서 안식과 평안을 누리게 하십니다.

우리의 병든 마음, 하나님과 원수 된 마음을 치유하십니다. 불순종으로 강퍅해진 마음의 굳은살을 제거하고 우리 안에 하

나님을 사랑하고 순종하는 마음의 새살, 어린아이의 보들보들한 살처럼 부드러운 마음을 창조하십니다. 불순종의 마음으로 하나님과 단절되어 사막과 같이 황폐한 우리 심령에 성령을 부어 주셔서 생수의 강이 흐르는 물 댄 동산 같이 되게 하십니다.

또한 주님의 얼굴빛이 비치는 곳에 우리를 변형시키는 힘이 강력하게 역사합니다. 주님의 영광을 바라보는 것이 곧 이 영광의 형상으로 변해 가는 것이지요. 성화의 비결은 계속해서 이 영광을 바라보는 것입니다.

> 우리가 다 수건을 벗은 얼굴로 거울을 보는 것 같이 주의 영광을
> 보매 그와 같은 형상으로 변화하여 영광에서 영광에 이르니 곧
> 주의 영으로 말미암음이니라   고후 3:18

교회에서 예배를 드리고 말씀을 듣는 것, 기도하는 것도 주의 얼굴빛, 곧 영광을 보기 위해서입니다. 우리 말을 통해 우리 영혼의 얼굴이 드러나듯이 그리스도의 말씀을 통해 주님의 얼굴이 나타납니다. 주님의 말씀을 듣는 것은 말씀을 통해 나타나는 주님의 얼굴을 보는 것입니다. 성령은 자기 얼굴이 없는 분이라는 말이 있지요. 우리에게 예수 그리스도의 얼굴을 보여

주시기 때문입니다. 성령은 우리 얼굴에 주님의 얼굴이 반영되게 하십니다. 성령은 우리 얼굴에서 가면이 벗겨져 우리의 참 얼굴을 찾게 해주십니다.

가면 속에서 자기 얼굴을 영원히 잃고 사는 이들

신앙생활에서 자칫 잘못하면, 가면이 제거되기보다 더 강화될 수 있습니다. 우리 신앙생활의 문제는 하나님보다 사람들을 더 의식하는 것, 하나님의 인정보다 사람의 인정을 더 갈구하는 것입니다. 그래서 자신의 참 얼굴을 드러내지 못하고, 사람들에게 좋은 평가와 인정을 받을 수 있는 가면과 외양을 꾸며 내기에 쉼이 없는 교회 생활을 하는 것이지요. 한마디로 우리는 사람들 앞에서 쇼할 때가 많습니다.

우리는 평생 이런 인정 욕구에 사로잡혀 살아왔습니다. 경쟁 사회에서 남보다 더 앞서고 더 많이 성취해서 성공한 사람이라는 인정을 받아야 살맛 난다고 느낍니다. 사람들의 인정과 평가에서 내 존재의 의미와 가치를 발견합니다. 그러니 사람들의 칭찬과 인정을 그토록 목말라하며 거기에 목을 매는 삶을 삽니다. 우리가 하는 모든 일의 배후에는 인정 욕구가 강하게 작용합니다.

어떻게 보면 우리는 가련한 인정 중독자입니다. 이 중독 때문에 우리는 자기 얼굴을 드러내지 못하고, 참된 자아로 성숙하는 데 필요한 모든 에너지를 사람들로부터 좋은 인정을 받기 위한 가면을 만드는 데 소진하며 삽니다. 심지어 신앙으로 이 중독이 치유되기보다 더 악화될 수 있습니다. 하나님을 섬기는 것보다 교인들로부터 괜찮은 신자라는 평판을 듣는 데 더 많은 에너지를 쏟으며 교회 생활을 하기 때문입니다.

그래서 교인들이 과거 유대인들처럼 세상 사람들보다 더 비참한 위선자가 될 수 있습니다. 가면을 오래 쓰다 보면 진짜 자신을 가면 쓴 자신과 완전히 혼동해 버리는 지경에까지 이릅니다. 종교적인 가면 속에서 자기 얼굴을 영원히 잃어버립니다. 종교적인 가면이 굳어지면 주님의 얼굴빛이 철저히 가려집니다. 그래서 주님의 얼굴을 전혀 보지 못하게 됩니다. 변화가 불가능해집니다. 교회 생활이 도리어 종교적인 가면을 강화하여 주님의 얼굴을 영영 보지 못하게 할 수도 있습니다.

한국 교회의 문제가 무엇일까요? 교인들이 그리스도인의 얼굴을 상실한 것입니다. 주님의 아름다움을 반영하는 그리스도인의 얼굴이 아니라 종교적 가면을 쓴 위선자의 모습을 보기 때문에 세상은 괴로워합니다. 우리의 시급한 과제는 참된 그리스도인의 얼굴을 되찾는 것입니다. 성령은 우리가 종교적 가면을 벗고 진짜 얼굴을 찾게 해주십니다.

가면으로 가득한 교회

동시에 성령은 서로의 얼굴을 찾게 해주십니다. 성령이 충만한 교회는 종교적인 가면이 벗겨져 주님의 얼굴을 반영하는 그리스도인의 얼굴이 가득한 곳입니다. 곧 그리스도를 닮은 성령의 열매가 풍성한 곳입니다. 그런데 교회가 이런 얼굴이 없이 가면만 가득한 곳이 될 수도 있습니다.

교회는 하나님의 가족입니다. 가정에서와 같이 한 사람 한 사람이 있는 그대로의 모습으로 받아들여지고 사랑받는 곳이어야 합니다. 가면을 벗고 서로의 민낯을 드러낼 수 있는 곳이어야 합니다. 그러나 교회가 가면을 벗기에 가장 두렵고 위험한 장소가 될 수도 있습니다. 서로의 허물 있는 얼굴이 드러나면 뼈도 못 추리는 살벌한 교회가 될 수도 있습니다. 그러니 교인들은 스스로를 보호하고 방어하기 위해서라도 더 두꺼운 가면을 쓸 수밖에 없습니다.

긍휼과 사랑과 은혜가 있는 곳에서 우리는 서로 가면을 벗고 자신의 얼굴을 드러낼 수 있습니다. 우리는 허물과 수치스러운 죄가 드러나면 거부당할 것이라는 두려움 때문에 가면을 벗고 자신의 얼굴을 드러내지 못합니다. 그러나 우리의 모든 숨은 죄와 허물이 드러날지라도 우리를 여전히 용서하고 사랑하는 이들이 있다면, 우리는 그들 앞에서 가면을 벗고 우리의 부끄러운 민낯을 드러낼 수 있을 것입니다. 주님께서 우리 죄인들을 그런 사랑과 긍휼의 눈빛으로 보십니다.

치유의 은혜는 눈빛을 타고 흐른다

주님은 우리의 모든 더러운 죄와 숨은 비밀을 하나도 남김없이 정확히 보십니다. 그러나 동시에 십자가를 통해 그 죄를 보십니다. 우리의 추한 모습 그대로, 우리를 용서하고 사랑하는 눈빛으로 우리를 보십니다. 주님의 얼굴과 눈빛을 본 사람은 그 눈빛을 자신의 눈에 담아 전달합니다. 주님의 얼굴빛과 눈빛이 치유와 변화의 효력이 있듯이 사랑과 긍휼과 소망을 담은 우리의 눈빛을 통해서도 치유의 은혜가 역사합니다. 이런 눈빛은 상대가 가면을 벗을 수 있게 해줍니다. 이런 눈빛이 가득한 교회는 가면을 벗기에 가장 안전한 장소입니다. 동시에 서로의 얼굴을 찾게 해주는 하나님의 가정입니다.

우리는 서로 사랑의 눈빛에 빚지고 사는 존재입니다. 지금까지 저의 삶을 돌아보면 많은 분들의 사랑의 눈빛에 무한한 빚을 졌다는 것을 절감합니다. 제 어머니의 사랑의 눈빛, 제 아내의 사랑의 눈빛, 우리 교우들의 사랑의 눈빛, 무엇보다도 주님의 사랑의 눈빛에 빚지고 살았습니다. 그 눈빛이 지금의 저를 있게 하였고, 앞으로도 변함없을 사랑과 긍휼의 눈빛이 저를 새롭게 할 것을 확신합니다. 이제 저도 이 사랑의 눈빛에 빚진 것을 조금이라도 갚는 삶을 살기를 소원합니다.

하나님의 사람들은 주님의 얼굴빛을 반사해서 서로의 얼굴을 빛나게 해줍니다. 주님의 얼굴을 반영하는 형제의 얼굴을 통해 우리 안에 그런 이가 되고픈 갈증이 일어납니다.

이런 얼굴을 가진 사람들, 본받고 싶은 소원을 불러일으키는 그리스도인의 모델이 없다는 것은 슬픈 일입니다. 이제는 강압적인 전도가 별로 효과가 없습니다. 아무리 진돗개처럼 물고 늘어져도 통하지 않는 상황에 처하게 되었습니다. 주님의 얼굴을 반영하는 그리스도인의 얼굴빛에 끌리게 하는 진정한 전도가 필요한 때를 맞이했습니다. 육신의 애씀이 아니라 오직 은혜로만 할 수 있는 전도이지요.

우리의 어두움을 드러내는 주님의 얼굴빛

주님의 얼굴빛 가운데 살면 빛보다 어두움을 느낄 때가 있습니다. 그 빛 가운데 살면 우리의 어두움, 숨은 죄, 부패함이 드러나게 됩니다. 그래서 회개하지 않고는 살 수 없게 됩니다. 하나님의 얼굴빛 가운데 사는 것은 매일 회개하는 삶입니다. 우리는 연약한 인간이라서 하루도 회개함 없이는 살지 못하는 존재들입니다.

전통적으로 코람데오의 신앙과 회개를 강조해 왔습니다. 이 둘은 긴밀하게 연결된 것입니다. 하나님의 임재 가운데 사는 코람데오의 삶은 바로 매일 회개하며 겸손히 주님과 동행하는 삶이지요. 회개를 그치는 순간부터 타락이 시작됩니다. 애통한 마음이 사라지는 순간부터 마음이 강퍅해집니다. 그런데 한국 교회에 진정한 회개가 사라진 지 오래되었습니다. 그동안 얼마나 타락과 강퍅함이 진행되었는지 모릅니다.

우리 안의 어두움을 사랑하는 마음이 이 빛을 필사적으로 피해 숨으려고 합니다. 우리 영혼이 벌거벗겨지는 것처럼 적나라하게 드러나는 것이 견딜 수 없는 까닭입니다. 그래서 손바닥으로 해를 가리려는 듯이 주님의 밝은 얼굴빛을 가리려 합니다. 가면 속으로 숨어들어 주님의 얼굴을 피하고 자신의 얼굴을 직시하기를 회피합니다. 정직하게 자신의 영혼의 밑바닥을 드러내지 못합니다. 그것을 하나님께 숨기고 자신에게도 철저히 숨깁니다. 자기 자신에게 숨긴다는 것을 스스로 전혀 의식하지 못하도록 감쪽같이 숨깁니다. 자신을 속이면서 절대 속이지 않는다고 확신시킵니다. 완전한 자기기만이지요. 자신을 속이는 것이 가장 심각한 죄인데, 신앙인들이 가장 능통한 죄입니다. 우리는 자신의 죄를 최대한 합리화하고 변명합니다. 그래서 죄의 심각성을 느끼지 않으려 합니다. 일말의 죄책감도 허용하지 않으려 합니다. 그러지 않으면 죄책감 때문에 괴로우니까요.

주님의 얼굴빛을 피하는 이들은 말씀 앞에서 자신을 심각하게 돌아보지 않습니다. 깊이 기도하지 않습니다. 피상적인 교회 생활과 종교 행위로 더럽고 추한 자신의 내면을 덮고 일시적으로 편하게 삽니다. 그러나 죄를 덮어 망각의 세계에 묻어 버린다고 그것이 사라지나요? 오히려 그 죄가 바이러스처럼 우리 안에 깊숙이 잠복하여 우리 영혼을 병들게 합니다. 회개하지 않은 죄가 모든 은혜의 통로를 막아 우리 영혼을 질식하게 만듭니다.

우리는 사람들 앞에서 실제 자신보다 훨씬 괜찮은 모습, 사람들의 인정과 좋은 평판을 들을 수 있는 모습을 보이려고 무진 애를 쓰는 것과 같이 하나님께도 최상의 모습으로 나아가 인정받기 원합니다. 그런 율법적인 성향이 강합니다. 평생 하나님과 사람들에게 괜찮은 신자라는 인정을 받을 수 있는 가면을 만드는 데 온 힘을 쏟는 신앙생활을 하는 이들이 있습니다. 이런 이들은 신앙생활을 하면 할수록 자신의 참모습을 보기 힘듭니다. 또한 가면을 벗고 자신의 얼굴을 드러내기 힘듭니다. 주님을 진정으로 만나기가 어려워집니다.

교회에서 열심히 봉사하고 활동하는 것이 정직하게 자신의 추한 얼굴을 드러내 회개하는 것을 교묘하게 회피하는 방편이 될 수 있습니다. 그래서 교회 생활을 오래 하면서도 주님을 만나지 못하는 이들이 있습니다. 탕자의 비유에서 큰아들처럼 집을 떠난 일이 없이 항상 아버지 옆에 있지만, 한 번도 진정으로 돌이킨 적이 없는 사람들이 교회 안에 있습니다.

사탄은 우리 마음에 주님의 얼굴빛이 비치지 못하게 방해합니다. 그러나 주님의 주권적인 은혜로 그 빛이 우리에게 비치는 것을 막을 수는 없습니다. 사탄은 주님의 얼굴빛 가운데 우리의 어두움이 드러날 때 우리의 죄책감과 율법적인 성향을 최대한 이용하여 우리 안에 정죄 의식과 두려움을 불러일으킵니다.

거룩하신 하나님 앞에 우리의 모든 추악함이 드러나면, 하나님께 거부당할 수 있다는 두려움에 사로잡히게 합니다. 이로인해 추한 자신의 모습을 최대한 선한 행위로 포장하여 좀 더나은 모습으로 주님께 나가려는 율법적인 성향이 생기고, 이는회개로 가는 길에서 우리의 발목을 잡습니다.

십자가에서 주님의 얼굴을 보라!

그러나 한없이 추하고 부끄러운 민낯을 주님 앞에 정직하게 드러낼 때 우리가 두려워했던 것과는 달리, 우리는 무한한 사랑과 긍휼로 가득한 주님의 얼굴빛을 접하게 됩니다. 그제야 우리는 십자가의 주님께서 찾으시는 죄인으로서 주님을 만나게 됩니다. 십자가에서 나타난 하나님의 놀라운 용서의 은혜와 사랑, 그 모든 효력과 은총의 수혜자가 되는 것입니다.

우리는 오직 십자가에서 주님의 얼굴빛을 봅니다. 십자가에서 우리의 모든 죄와 욕심에 대해 맹렬히 진노하시는 하나님의 낯빛이 주님께 엄습해서 그의 진노가 진정되었기에 우리에게 환한 하나님의 얼굴빛이 비치게 된 것입니다. 십자가가 우리 죄인들을 향한 하나님의 무시무시한 진노의 얼굴을 한없이 자애롭고 인자한 얼굴로 바꾸어 놓았습니다. 그 얼굴빛은 더이상 우리를 정죄하며 심판하고 소멸하는 불이 아니라, 우리를 자유롭게 하며 치유하고, 풍성하게 하며 존귀하고 아름답게 하는 은총의 빛입니다.

우리 죄인들을 보시는 주님의 눈빛은 지극히 사랑하는 신부를 보는 신랑의 눈빛이며, 지극히 기뻐하는 아들과 딸을 보는 아빠의 자애로운 눈빛입니다. 주님은 우리를 보고 기쁨을 이기지 못하시며 즐거이 노래하십니다. 십자가를 통해 거룩하신 하나님께서 우리를 그렇게도 자애로운 눈빛으로 보신다는 것이 바로 복음입니다. 기쁜 소식입니다.

사랑과 긍휼로 가득한 주님의 눈빛이 우리의 가면을 벗깁니다. 우리 맨얼굴이 은혜의 광채를 입게 합니다. 그래서 주님의 얼굴빛을 반사하는 그리스도인의 얼굴을 되찾게 합니다. 우리는 구원 역사 속에서 가장 위대하고 영광스러운 사람으로 부름받았습니다. 우리는 구약의 기라성 같은 신앙의 인물들이 보지 못했던 주님의 얼굴을 보는 이들입니다. 그 탁월한 영광을 반영하며 살라고 부름을 받은 사람들입니다. 그런데 우리가 이 얼굴빛을 차단하는 종교적인 가면만을 세상에 보여주고 있습니다. 우리에게 깊은 회개와 돌이킴이 있어야 합니다. 다시 한 번 "우리에게 당신의 얼굴빛을 비추어 주옵소서. 우리를 돌이켜 주옵소서" 하고 기도해야 합니다.

다윗이 범죄한 후 주님께 이렇게 고백했습니다.

> 보소서 주께서는 중심이 진실함을 원하시오니 내게 지혜를 은밀히 가르치시리이다 시 51:6
> 하나님께서 구하시는 제사는 상한 심령이라 하나님이여 상하고 통회하는 마음을 주께서 멸시하지 아니하시리이다 시 51:17

주님께서 이 우주에서 가장 귀히 보시는 것이 상하고 깨진 심령입니다. 이런 심령에 십자가의 은혜와 하나님 나라의 축복이 임하면 영혼의 혁명이 일어납니다. 회개하는 죄인으로 인해

하나님께 말할 수 없는 기쁨이 있습니다. 애통하는 자에게 복
이 있습니다.

01_ 신구약 성경에 나타나는 얼굴의 신학은 무엇인가?

02_ 신약 교회의 신자들이 구원 역사에서 가장 위대한 사람들인 이유는
무엇인가?

03_ 주님의 얼굴을 본다는 것은 무엇을 뜻하는가?

04_ 주님의 얼굴을 본 결과는 무엇인가?

05_ 주님의 영광과 아름다움에 매료되어 그 영광을 즐거워하며, 그것을
최고의 가치로 좇고 있는가?

06_ 내 안에 있는 인정 욕구는 무엇인가?

07_ 나는 종교적인 가면을 벗고 내 얼굴을 찾았는가?

08_ 어떻게 서로의 얼굴을 찾게 해줄 수 있는가?

생수의 강이
넘쳐흐르는 삶

04

명절 끝날 곧 큰 날에 예수께서 서서 외쳐 이르시되 누구든지 목마르거든 내게로 와서 마시라 • 나를 믿는 자는 성경에 이름과 같이 그 배에서 생수의 강이 흘러나오리라 하시니 • 이는 그를 믿는 자들이 받을 성령을 가리켜 말씀하신 것이라(예수께서 아직 영광을 받지 않으셨으므로 성령이 아직 그들에게 계시지 아니하시더라)   요한복음 7:37-39

구원 역사를 따라 흐르는 생수의 강

생수의 강이 성경 전체를 관통해 흐르고 있습니다. 성경의 맨 앞부분에서부터 이 강이 등장합니다. 바로 에덴동산에 이 강이 흘렀습니다. 이 생수의 강이 하나님의 구원 역사를 따라 맥맥이 흘러 결국 새 예루살렘 성에까지 이릅니다. 성경의 맨 끝부분, 요한계시록 마지막 장에 하나님과 어린양의 보좌로부터 생명수의 강이 흘러나오며 강 좌우에 생명나무가 열두 가지 열매를 맺는 비전이 기록되어 있습니다(계 22:1-2).

구원 역사 속에서 생수의 강이 끊긴 것 같은 시기에도 이

강은 유유히 흐르고 있었습니다. 이스라엘 백성들이 메마른 사막을 지나갈 때도 그들이 가는 길을 따라 그 밑으로 생수의 강이 흘렀습니다. 생수의 근원이신 주님께서 그들과 함께하셔서 반석에서 샘물이 나게 하셨습니다.

이스라엘 백성이 하나님께 반역하므로 생수의 공급이 끊어졌습니다. 그들의 상태가 사막과 같이 황폐해졌습니다. 열매 없는 불모지 같이 되었습니다. 그들이 생수의 근원인 나를 버렸다고 하나님께서 한탄하셨습니다. 그러나 하나님은 그들을 아주 떠나지 않으셨습니다. 생수의 공급은 차단되었을지라도 생수의 근원은 사라지지 않았습니다.

하나님께서 선지자들을 통해 이스라엘의 회복을 약속하십니다. 거기서 다시 생수의 강이 등장합니다. 하나님께서 사막을 강이 흐르고 화초가 피는 물 댄 동산이 되게 하신다고 말씀하셨습니다. 특별히 에스겔 선지자는 이 강의 이미지를 성전과 연결시켰습니다. 그는 환상에서 성전 문지방으로부터 생명수가 흘러나와 강을 이루며 바다가 되어 그 물이 흘러가는 곳마다 생명의 역사가 일어나고, 강의 좌우 나무에 과실이 풍성히 맺히는 것을 보았습니다(겔 47:1-12).

에스겔서에서 두 가지 성전 이미지가 결합됩니다. 솔로몬

성전에 나타났듯이 하나님의 영광을 상징하는 구름이 가득한 성전의 이미지와 생명수의 강이 흘러나오는 성전의 비전이 한데 어우러져 말세에 임할 새로운 성전의 청사진을 제시해 줍니다.

생수의 강이 흐르는 성전, 예수

에스겔이 본 새로운 성전의 비전은 언제 이루어질까요? 종말에 성취될까요? 요한계시록 마지막 장에 기록되어 있듯이, 새 예루살렘 성에서 생수의 강이 흐르는 성전의 비전이 온전히 이루어집니다. 그러나 이 성전의 비전은 마지막 때뿐 아니라 이미 현재적으로 실현되고 있습니다.

예수님의 오심으로 에스겔의 비전이 성취되었습니다. 에스겔이 환상에서 본 새로운 성전이 우선적으로 예수님이지요. 예수님이 온전한 성전입니다. 구약에 나타나는 두 가지 성전 이미지가 예수님 안에서 완벽하게 성취되었습니다. 예수님의 육체가 하나님의 성령이 충만하게 거하는 성전입니다. 하나님의 영광이 인간의 육체 가운데 나타난 것입니다. 그래서 요한은 "우리가 그의 영광을 보니 아버지의 독생자의 영광이요 은혜와 진리가 충만하더라"(요 1:14)고 했습니다. 또한 예수님은 생명수가 흘러나오는 성전입니다. 그에게서 은혜와 진리가 흘러나오고 성령의 생수가 넘쳐흐릅니다.

예수님이 장막절에 성전 제단 바로 옆에 서서 누구든지 목마르거든 나에게 와서 마시라고 외치십니다. 손으로 만든 구약 성전이 대망했던 온전한 성전인 예수님이 나타나서, 그로부터 생명수의 강이 흘러나옴을 묘사하고 있는 것입니다. 요한은 구약, 특별히 에스겔서에 나타난 두 가지 성전의 모형이 예수님 안에 통합되어 완성됨을 보여주고 있습니다.

이런 배경에서 요한복음 7장의 말씀을 이해하는 것이 필요합니다. 명절 끝날, 곧 큰 날이라고 했는데, 이는 장막절, 다른 말로 초막절을 의미합니다. 장막절은 이스라엘 민족이 애굽에서 나와 광야에서 장막 생활을 한 것을 기념하는 동시에 그 해의 첫 수확과 열매를 감사하는 명절이었습니다.

장막절에는 7일 동안 매일 실로암 못에 내려가 물을 길어다가 성전 제단 옆에 붓는 행사가 진행되었습니다. 제사장이 맨 앞에 서고 그 뒤에 나팔을 불며 따르는 찬양대와 시편을 찬양하는 백성들의 긴 행렬이 이어졌습니다. 아마 백성들은 이사야에 기록된 말씀을 낭송하며 물을 길어 날랐을 것입니다.

그러므로 너희가 기쁨으로 구원의 우물들에서 물을 길으리
로다 　　　　　　　　　　　　　　　　　　　　　　사 12:3

이 예식은 이스라엘 백성들이 광야를 지날 때 반석에서 샘물 나게 하신 것을 기억하고 감사하며, 풍성한 수확을 위한 비를 기원하는 축제였습니다. 그러나 이런 행사를 통해 메시아를 대망하는 신앙을 가진 유대인들이 궁극적으로 염원한 것은 구원의 샘물이 메시아로부터 흘러나오는 것이었습니다. 그런데 그들이 갈망한 메시아가 성전에 홀연히 임해 구원의 생수를 주시겠다고 열정적으로 외치시는 드라마틱한 장면이 벌어지고 있는 것입니다.

그렇게 외치시는 주님이 바로 생수의 강에 대한 구약의 모든 약속을 성취하실 메시아이십니다. 그분이 바로 이스라엘 백성들이 광야를 지날 때 반석에서 샘물이 솟아나게 하신 분입니다. 생수의 근원이신 하나님을 떠남으로 사막처럼 황폐해진 이스라엘 백성들을 다시 생수로 초청하신 분입니다.

오호라 너희 모든 목마른 자들아 물로 나아오라 돈 없는 자도
오라 너희는 와서 사 먹되 돈 없이, 값 없이 와서 포도주와 젖

을 사라   사 55:1

여호와가 너를 항상 인도하여 메마른 곳에서도 네 영혼을 만족

하게 하며 네 뼈를 견고하게 하리니 너는 물 댄 동산 같겠고 물이

끊어지지 아니하는 샘 같을 것이라   사 58:11

그들을 물 댄 동산 같고 물이 끊어지지 아니하는 샘 같게
하리라는 구약의 약속과 에스겔이 본 생명수가 흐르는 성전의
비전을 실현하실 생수의 근원이신 주님이 시온에 임한 것입니
다. 주님께서는 누구든지 목마르거든 내게 나와 마시라고 목마
른 인생들을 부르고 계십니다.

물 좀 주소

80년대에 젊은이들 사이에서 유
행했던 대중가요 중에 가수 한대수의 〈물 좀 주소〉라는 노래가
있습니다. 그 가사가 아주 단순합니다. "물 좀 주소, 물 좀 주소,
목말라요"라는 가사가 반복됩니다. 허스키한 음성으로 절규하
는 이 노래가 듣는 이들의 심금을 울린 것은 우리 인생이 참 목
마른 인생이라는 공감을 불러일으켰기 때문일 것입니다.

이 노래 가사처럼 사람들은 무언가에 목말라합니다. 행복, 사랑, 평안, 기쁨, 의미와 가치, 명예와 권력, 사람들의 인정과 영광을 목말라합니다. 그런데 이 목마름은 채워지지 않는 것이 문제입니다. 그토록 목말라하며 추구하던 것을 얻고 이루어도 그 성취에 대한 만족은 잠깐이며, 금세 채워지지 않는 공허함과 허탈감이 밀려옵니다. 더 목말라지게 됩니다. 이 공허함과 목마름이 무언가 더 성취함으로 만족을 얻어 보려는 헛된 수고로 우리를 미친듯이 몰아갑니다. 우리의 목마름을 해소해 줄 것으로 믿었던 세상의 생수는 우리를 더 갈하게 합니다. 우리 인생은 평생 물을 찾아 헤매나, 타는 듯한 혀를 축일 몇 방울의 생수조차 발견하지 못하고 목마름 속에 기진해 죽어 갑니다.

이런 목마른 인생들에게 영원히 목마르지 않게 할 생수를 주시겠다고 주님께서 말씀하십니다. 인류 역사 속의 누가 감히 이런 대담한 선언을 할 수 있을까요? 이런 말을 할 수 있는 이는 둘 중 하나입니다. 신 아니면 정신병자이지요. 이 말 한마디에서 주님께서 하나님의 아들이심이 밝히 드러납니다. 주님께서 하나님의 아들이신 자신의 명예와 그 이름을 걸고 그렇게 선언하신 것입니다. 우리가 참으로 예수님이 하나님의 아들임을 믿는다면, 이 놀라운 약속이 참인지 우리 자신에게 실험해 보아야 합니다. 우리 자신이 주님께서 주시는 생수를 마시며 이 생수를 목마른 인생들에게 전달하고 있는지를 돌아보아야 합니다.

믿음은 주님을 섭취하는 것

주님을 믿는다는 것은 곧 주님께서 주시는 생수를 마시는 것입니다. 믿는다는 것은 단순히 주님에 대한 교리를 머리로 믿는 것이 아니라 주님을 마시고 섭취하는 것처럼 주님의 실체를 맛보는 것입니다. 물을 마시면 물이 우리 내장으로 들어가 혈액과 모든 세포에까지 스며들듯이 주님의 생명을 섭취하여 완전히 우리 안에서 소화하는 것입니다. 이는 주님과 우리가 생명적으로 하나 되는 것을 뜻합니다.

> 예수께서 이르시되 내가 진실로 진실로 너희에게 이르노니 인자의 살을 먹지 아니하고 인자의 피를 마시지 아니하면 너희 속에 생명이 없느니라 내 살을 먹고 내 피를 마시는 자는 영생을 가졌고 마지막 날에 내가 그를 다시 살리리니   요 6:53-54

요한복음 6장에는 오병이어의 기적이 기록되어 있습니다.

하나님이 광야에서 이스라엘 백성에게 만나를 내려 주셨듯 주님이 광야에서 오병이어로 오천 명을 먹이시는 기적을 베푸셨습니다. 이어서 7장에서는 이스라엘 백성이 광야를 지날 때 반석에서 샘물 나게 하셨듯이 목마른 자들에게 생수를 주시겠다고 말씀하십니다. 요한은 광야에서 물과 만나를 공급했던 하나님의 사역과 예수님의 사역을 평행이 되게 기록했습니다.

주님은 무리에게 육신의 양식을 공급해 주시면서 생명의 떡인 자신을 먹어야 영원히 산다고 말씀하셨습니다. 또한 목마른 자에게 주실 물을 말씀하시면서 주님께서 주시는 생수를 마셔야 영원토록 목마르지 않는다고 하셨습니다. 요한복음에서 주님을 믿는다는 것은 주님을 영접하는 것을 뜻합니다. 이는 구체적으로 주님을 생명의 떡처럼 섭취하는 것이며, 성령을 생수처럼 마시는 것을 의미합니다. 주님을 믿는 것, 영접하는 것을 가장 기본적인 생명의 작용으로 묘사한 것이지요.

육체의 생명이 있는 증거는 매일 배고프고 목말라하는 것입니다. 그래서 매일 밥 먹고 물 마셔야 합니다. 영적인 생명이 있는 증거도 영혼이 매일 목마르고 배고픈 것입니다. 영혼이 매일 생명의 떡인 예수를 먹어야 살고 성령의 생수를 마셔야 살지요. 예수님과 성령님은 우리에게 밥과 물, 생필품보다 더

요긴한 분입니다. 예수님을 믿는 것은 매일 밥 먹고 물 마시듯
이 예수님의 생명을 우리 안에 온전히 받아들여 영적으로 섭취
하는 것입니다.

생수의 강이 흐르는 성전, 신자

　　　　　　　　　　주님께서 주시는 생명수를 들이
켜면 그 물이 우리 안에서 다시 솟아 나옵니다. 그래서 주님께
서 "나를 믿는 자는 성경에 이름과 같이 그 배에서 생수의 강
이 흘러나오리라"(요 7:38)고 하셨습니다. 놀라운 말씀입니다.
참 믿기지 않는 말씀이지요. 이 말씀의 번역에 있어 논란이 있
습니다. 헬라어 원문에서 마침표를 어디에 찍느냐에 따라 생수
의 강이 흘러나오는 것이 예수님의 배인지 아니면 신자의 배인
지가 결정됩니다.

　신자의 배에서 생수의 강이 흘러나온다는 말씀은 성경적
으로도 좀 생소하고 우리 경험에도 맞지 않는 것 같습니다. 오
히려 예수님이 생수의 근원이시니, 예수님의 배에서 생수의 강
이 흐른다고 보는 것이 더 자연스러운 것 같습니다. 그래서 그
렇게 번역해야 한다고 주장하는 이들이 많습니다. 이런 견해도

무시할 수는 없습니다.

그러나 한글 성경이 번역한 것처럼 예수님보다는 신자의 배에서 생수의 강이 흘러나온다는 말씀으로 이해하는 것이 더 타당하다고 봅니다. 주님은 사마리아 여인과의 대화에서도 "내가 주는 물을 마시는 자는 영원히 목마르지 아니하리니 내가 주는 물은 그 속에서 영생하도록 솟아나는 샘물이 되리라"(요 4:14)고 말씀하셨습니다. 또한 이렇게 해석하는 것은 주님이 생수의 근원이라는 사실을 당연히 전제하기에 두 견해를 적절히 통합한다고 볼 수 있습니다.

우리가 생수의 근원이신 예수님을 영접함으로 주님께서 성령으로 우리 안에 내주하시면, 우리 배에서도 당연히 생수의 강이 흘러나오게 됩니다. 예수님이 일차적인 생수의 근원이라면 신자는 이차적으로 생수의 근원이 되는 것입니다. 예수님이 생명수가 흘러나오는 성전의 원형이라면, 신자도 그것을 재현하는 성전입니다.

여기서 요한복음은 생명수가 흘러나오는 구약 성전의 이미지를 예수님뿐 아니라 신자와 교회에까지 확대 적용했습니다. 예수님뿐 아니라 신자와 교회도 생수의 강이 흐르는 성전입니다. 주님께서 자신의 육체를 성전이라 하시고, 부활하신 후에 새로운 성전을 일으키실 것을 말씀하셨습니다. 유대인들에게 "너희가 이 성전을 헐라 내가 사흘 동안에 일으키리라"(요 2:19)고 하시며, 이는 자신의 육체를 가리켜 말씀하신 것이라고 했습니다. 사흘 만에 일으킬 성전은 자신의 부활의 육체를 가리키는 동시에 주님의 몸 된 교회를 가리키는 것입니다.

생수의 강이 흐르는 성전, 교회

요한복음 20장에 보면, 주님께서 부활하신 후에 제자들에게 나타나셔서 숨을 내쉬며 성령을 받으라고 하셨습니다. 주님 안의 성령의 숨결을 그들에게 불어넣으심으로써 그들도 성령의 생기가 흘러가게 하는 성전이 되게 하신 것입니다. 이는 사흘 만에 성전을 일으키신다는 말씀이 성취된 것을 뜻합니다. 새로운 성전인 교회를 세우신 것이라고 볼 수 있습니다.

물론 온전한 의미에서 교회는 오순절에 성령이 오심으로 세워졌습니다. 그러나 이미 이 시점에 신약 교회의 기초와 원형이 형성되었다고 봅니다. 제자들은 오순절까지 신약 교회의 준비 위원으로 봉사하다가 성령이 임하매 신약 교회의 창립 멤

버가 된 것입니다.

바울 사도는 좀 더 확실하게 예수님뿐 아니라 신자와 교회도 새로운 성전임을 진술했습니다. 에베소서에서 구약에 나타나는 두 가지 성전의 이미지가 결합되어 교회의 청사진을 그리는 밑그림을 제공합니다. 구약 성전에 하나님의 영광을 상징하는 구름이 가득했던 것처럼 새로운 성전인 교회에 하나님의 성령이 충만해야 한다는 의미에서 에베소서 5:18에서 성령으로 충만하라고 했습니다.

충만이란 단어에는 가득할 뿐 아니라 흘러넘친다는 의미가 있습니다. 에스겔이 환상에서 본 성전에서 생명수가 흘러나오듯이, 교회를 성령의 생수가 흘러넘치는 새로운 성전으로 묘사한 것입니다. 교회에서 흘러나오는 생명수가 온 누리를 적시고 만물을 새롭게 하며 충만하게 하는 종말론적인 비전을 제시했습니다. 그래서 교회에 대해 정의하기를 "교회는 그의 몸이니 만물 안에서 만물을 충만하게 하시는 이의 충만함이니라"(엡 1:23)고 했습니다.

바울 사도에 의하면 교회뿐 아니라 개인 신자도 성전입니다. 그래서 교회에 속한 모든 신자는 성령으로 충만해야 합니다. 그래야 주님께서 말씀하신 대로 그 배에서 생수의 강이 흘러나오는 이동 성전이 됩니다. 생수의 근원이신 주님을 믿는다는 것, 영접한다는 것은 참으로 놀라운 일입니다. 생수의 근원이신 주님을 영접한 사람은 자신뿐 아니라 이 땅의 많은 사람들을 복되게 하는 복의 근원이 됩니다.

허기진 인간의 배

그 배에서 생수의 강이 흘러나온다고 했습니다. 여기서 배는 여러 가지를 의미합니다. 먼저 우리 존재의 심연, 가장 깊은 차원, 우리 생명의 근원지를 뜻합니다. 우리가 깊은 만족과 두려움과 불안을 느끼는 곳입니다. 하나님께서 거하시고, 생수의 강이 흘러야 할 영역입니다. 이 깊은 차원이 하나님으로 채워져야 우리는 참된 만족과 평안을 누립니다. 그런데 이곳에 있는 생수의 강이 바짝 말라 있습니다. 황폐해져 있습니다. 생명이 전혀 없습니다. 영적으로 고갈되어 있습니다.

인간은 영적인 공백 속에서는 살 수 없는 존재입니다. 인간은 원래 충만한 존재로 지음받았습니다. 무엇인가에 사로잡혀 도취되어 살 수밖에 없는 존재로 지음받았습니다. 그래서 우리는 무언가에 집착하고 몰두하는 중독성이 강한 존재입니다. 우리는 하나님으로 충만해서 하나님께 도취되어 사는 존재로 지음받았습니다. 하나님께 도취되지 못할 때 우리는 다른 것을 탐닉하게 됩니다. 그러나 하나님만 채우실 수 있는 우리 영혼의 심연은 그 어떤 피조물로도 채울 수 없습니다. 그런 것으로는 우리 영혼의 배가 더 허기집니다. 더 목말라집니다. 그래서 미친 듯이 무언가 좀 더 얻고 성취함으로 만족을 얻으려는 욕망과 집착에 사로잡힙니다.

사람들이 하나님 대신 만족을 얻으려는 대상이 세상의 물질과 쾌락과 권력이지요. 하나님을 떠난 육신의 욕망 삼인방입니다. 세 가지 욕망이 하나로 긴밀하게 연결되어 있습니다. 성령을 대적하는 육체의 소욕의 삼위일체이지요. 사람들이 하나님 대신 물질과 쾌락과 권력이라는 신을 섬깁니다. 우리 존재의 깊은 차원, 주님이 말씀하신 배에서 하나님이 떠나시면, 성령의 강과 소원 대신 육신의 소욕이 가득하게 됩니다.

배의 욕망이 지배하는 문화

　　　　　　　　　　바울 사도가 저희의 신은 배라고

했을 때 그 배는 이런 욕망의 중추를 의미합니다. 욕망의 센터를 말하는 것이지요. 배의 욕망, 곧 식욕, 물욕, 성욕은 가장 원초적인 강렬한 욕망입니다. 사람들은 이런 욕망에 사로잡혀 삽니다. 이런 배의 욕망이 현대 문화 형성에 지대한 영향을 미친 것입니다.

가수 싸이의 〈강남 스타일〉이나 〈젠틀맨〉이 세계적으로 인기를 끈 이유도 인간의 가장 원초적인 배의 욕망인 성적인 욕구와 심리를 기발하게 잘 이용했기 때문입니다. 만약 그 뮤직 비디오에 성적 어필이나 자극적인 율동이 없고 백댄서들이 등장하지 않아도 사람들이 그렇게 호응할지는 의문이지요.

현대 사회에서 돈을 벌고 인기를 끌며 성공하기 위해서는 인간 안에 도사리고 있는 은밀한 욕망을 잘 이용할 줄 알아야 합니다. 최근 여성 가수들이 성공하는 데 꼭 필요한 조건은 음악성이 아닙니다. 섹시한 외모와 몸매로 남자들의 눈길과 마음을 사로잡는 것이 그들이 성공할 수 있는 첫째 조건입니다. 어떤 문화평론가에 따르면 중년 남성들이 걸 그룹 소녀시대에 열광하는 이유는 그들이 섹시미와 함께 청순미까지 갖추었기 때문이라고 합니다.

걸 그룹들이 서로 경쟁을 하듯이 노골적인 성적 어필과 과다 노출을 일삼고 있습니다. 그들을 자극하여 성적 어필의 무한 경쟁으로 몰아가는 것은 그들 안의 허영심, 즉 인기에 대한 목마름이고, 뒤에서 그들을 상품화하여 한몫 챙기려는 프로듀서들을 움직이는 것은 물질과 권력에 대한 욕망일 것입니다. 성적인 욕망과 심리를 잘 이용하고 자극하여 또 다른 배의 욕망, 돈과 물질, 자기 과시, 인기에 대한 욕망을 채우는 것이지요.

배에서 일어나는 혁명

성령이 충만하여 성령에 의해 주관되어야 할 우리 배가 육신의 정욕에 의해 주관되는 것입니다. 욕망의 노예가 된 것입니다. 주님을 영접하면 우리의 배, 존재의 깊은 차원에서부터 혁명이 일어납니다. 우리 욕망의 근원지에서 변화가 일어납니다. 부패한 육신의 욕망이 우리 안에 깊이 뿌리내려 있습니다. 죄의 기질, 욕구와 습관이 우리 안에 깊이 배어 있습니다. 우리 정신세계에서 우리가 의식하는 영역은 빙산의 일각에 불과합니다. 그 밑에 깔린 광대한 잠재의식과 무의식 세계에 오랫동안 쌓여 축적된 것들이 우리를 은밀히 주관합니다. 우리의 잠재의식이 우리의 삶과 행동과 인격에 은밀한 영향을 미칩니다. 마음의 상처, 억눌린 감정과 욕망, 열등 감과 피해 의식이 우리 삶에 상당한 영향을 미칩니다. 그래서 요즘 내적 치유가 유행이지요. 우리의 피상적인 의식 세계, 인식, 지성만 변해서는 삶과 인격이 변하지 않습니다. 잠재의식의 광활한 영역이 변해야 합니다.

우리 안에 깊이 깔려 있는 욕망이 변해야 삶이 새로워집니다. 욕망이 우리를 몰아가기 때문입니다. 그러나 많은 교인들의 경우 깊은 욕망의 변화가 없습니다. 그들이 가장 원하는 것이 세상 사람들과 특별히 다르지 않습니다. 그러니 예수를 믿어도 변화가 없습니다. 하나님의 은혜가 의식 세계뿐 아니라 그 밑에 깔린 광활한 무의식, 잠재의식의 세계에까지 침투하여 부패한 욕망과 기질을 정화하는 역사가 있어야 합니다.

우리가 주님을 영접하면 주님은 정결하게 하는 물처럼 우리 안에 깊숙이 흘러 들어와 우리 내면 구석구석에 도사리고 있는 부패성을 청결하게 하십니다. 죄와 사탄의 세력을 몰아내십니다. 생수의 강이 우리 안의 온갖 쓰레기들을 휩쓸어 갑니다. 죄와 사탄과 부패한 욕망이 지배하고 있던 광활한 내면세계를 주님이 평정하십니다. 우리 존재의 심연에 평강의 왕이신 주님께서 좌정하시면, 우리 심령과 삶에 진정한 평안, 곧 샬롬

이 임합니다. 평강과 희락과 화평의 강이 흐릅니다. 구약에 약속된 대로 우리 심령이 물 댄 동산과 같이 됩니다.

주님께서 주시는 생수를 마심으로써 우리 존재의 깊은 차원에서부터 혁명이 일어나야 합니다. 하나님과 연결되는 우리 영혼의 심연이 정화되어 하나님과의 단절이 치유되고 우리 안에 하나님 나라가 임해야 합니다. 이렇게 깊은 내면에서부터 변화하지 않은 사람은 기독교의 유니폼만 걸친 사람이 되지요.

물 댄 동산으로 변한 배

성령이 충만하여 평강과 사랑과 희락이 우리를 주관해야 하나님께서 원하시는 그리스도인의 삶을 살 수 있습니다. 사랑의 기쁨으로 충만해야 하나님을 온 마음으로 사랑하며 이웃을 사랑하는 삶을 살 수 있지요. 평강이 우리를 주관해야 그리스도인의 정상적인 삶을 살 수 있습니다. 불신자를 주관하는 영은 불안의 영입니다. 실존주의 철학자들이 말했듯이 그리스도 밖의 인간 실존의 특성은 불안입니다. 불안과 공허에서부터 죄가 싹트는 것입니다.

그러나 그리스도 안의 삶의 특성은 평안입니다. 신자를 주관하는 영은 평강의 영입니다. 모든 선함과 행복이 평강이 주장하는 마음에서 나옵니다. 평안한 심령에서 관용과 용서가 나옵니다. 평안한 마음에서 선하고 온유한 생각과 말이 나옵니다. 평강이 주장하는 마음에서 좋은 아이디어와 지혜와 영감이 떠오릅니다. 모든 좋은 글과 연설은 평안한 마음에서 작성된 것이라는 말이 있습니다. 무슨 일을 하든지 평안한 마음으로 할 때 능률이 최대치로 오릅니다.

이것이 그리스도 안에서 약속하신 풍성한 삶입니다. 우리의 현재 삶, 현재 모습과는 너무도 거리가 멀지만, 이것이 성경에 약속된 신자의 복된 삶입니다. 진정한 회개는 이런 삶으로 돌이키는 것입니다. 우리가 성령으로 충만하여 그리스도 안에서 더 큰 만족과 즐거움을 얻고, 그로 인해 죄와 세상의 일락이 상대적으로 싫어지지 않는 한 죄와 세상을 이길 다른 비결은 없습니다. 죄와 세상을 이기는 유일한 비결은 성령으로 충만한 것입니다. 그래서 하나님 안에서 참된 만족을 누리는 것입니다.

흘러넘치는 배

내면의 혁신은 외면으로 반드시

표출됩니다. 하나님의 생명과 생수의 강가에 깊이 뿌리내린 영성은 밖으로 넓게 뻗어 갑니다. 주님을 영접한 사람은 자신만 풍성한 삶을 영위하는 것이 아니라 많은 사람들에게 이 복락의 강물을 흘려 보내는 축복의 통로가 됩니다.

주님은 우리를 축복하실 때 흘러넘치도록 은혜를 베푸십니다. 성령은 흘러넘치는 영이십니다. 그러므로 주님을 영접하고 성령을 받으면 넘쳐흐를 수밖에 없습니다. 하나님께서 아브라함과 맺으신 언약, "천하 만민이 복을 받으리니"(창 22:18)라고 하신 약속이 생수의 근원이신 주님과 성령을 모신 우리 신자들에게 온전히 이루어지게 됩니다. 신자와 교회는 이동 성전으로, 생수의 강을 황폐한 이 땅에 흘려 보내라고 보냄을 받은 사람들입니다.

한국 교회는 이 미션을 망각한 채 살고 있습니다. 이 사회와 나라의 문제가 무엇입니까? 왜 이 사회는 이렇게도 어둡고 부패한 걸까요? 교회와 교인들이 이 사회의 부패를 방지하고 세상을 새롭게 하는 생수의 강을 흘려 보내지 못하기 때문입니다. 교회와 교인들이 세상보다 더 악취를 풍기는 오물을 쏟아 내고 있습니다.

어떤 이가 세상에서 배설물보다 훨씬 더 더러운 것은 타락한 성직자라고 했습니다. 그런 목사들이 얼마나 많습니까? 목사들뿐인가요? 성경적으로는 우리가 다 성직자입니다. 우리 안에 거룩한 성령이 거하니 성자이지요. 종교적인 가면 외에는 세상 사람과 다를 바 없는 속물스러운 성직자, 곧 우리 교인들이 오물보다 더 추한 존재들입니다. 세상을 견딜 수 없게 하는 존재들이지요. 우리의 위선적인 모습에 질린 세상 사람들이 기독교에 등을 돌리고 있습니다. 더 이상 세련된 종교적인 가면은 사람들에게 통하지 않습니다. 사람들은 진정한 그리스도인의 모습, 하나님의 얼굴을 본 그리스도인의 얼굴을 보기 원합니다. 그런 교인들을 볼 때 세상이 다시 놀랄 것입니다. 복음에 귀를 기울이며, 교회를 찾을 것입니다.

몸으로 표출되는 영성

성령으로 거듭나서 내면에 성령이 거하시는데도 성령의 은혜가 밖으로 흘러 나가지 않는 교인들의 문제는 무엇일까요? 그것은 우리 몸을 성령이 주관하시도록 헌신하지 않기 때문입니다. 우리 자신이 마음대로 할 수 있는 것은 자기 몸밖에 없으니, 몸의 소유권을 주님께 양도하지 않는 것입니다. 스스로 성전이라는 확고한 의식을 가지고 살지 않기 때문입니다.

영혼과 마음은 하나님의 말씀과 은혜로 평안하게 하고, 몸은 세상 쾌락으로 즐겁게 하려고 합니다. 마음으로는 하나님을 섬기고, 몸으로는 세상을 좇습니다. 몸과 마음이 따로따로 노는 것이지요. 젊은이들의 문제가 바로 이런 이중적 삶입니다. 이런 경우 신앙생활을 오래 해도 몸의 행실에 전혀 영향을 미치지 못합니다.

영성은 보이지 않는 어떤 것이 아닙니다. 반드시 몸으로 나타나고 표현되는 것입니다. 그리스도를 닮은 모습, 성품, 성령의 열매가 몸으로 나타나는 것이지요. 그 말과 행동, 눈빛, 태도, 인상으로 표출되는 것입니다. 우리 몸을 성전으로 하나님께 헌신하지 않는 한 우리를 구속하시고 성령을 보내신 하나님의 뜻과 목적은 결코 우리 안에 이루어지지 않습니다. 영적인 성숙과 변화, 곧 성화가 이루어지지 않습니다. 그리스도의 형상으로 변화되지 않습니다.

그래서 바울 사도가 로마서에서 복음의 은혜를 제시한 뒤 가장 먼저 요구한 것이 몸을 거룩한 산 제물로 드리라는 것이었습니다.

그러므로 형제들아 내가 하나님의 모든 자비하심으로 너희를 권

하노니 너희 몸을 하나님이 기뻐하시는 거룩한 산 제물로 드리

라 이는 너희가 드릴 영적 예배니라   롬 12:1

몸을 드리지 않는 한 성령이 우리 안에 충만하게 임재하심과 역사하심을 체험하지 못합니다. 몸이 생수의 강을 흘려 보내는 성전의 기능을 하지 못합니다.

죄 아니면 은혜에 중독되는 몸

왜 우리의 모습이 이렇게 누추해졌을까요? 주님의 아름다움, 영광을 구체적으로 드러내는 성전인 우리 몸을 하나님을 섬기는 거룩한 도구로 사용하지 않고, 죄로 더럽히며 살기 때문입니다. 몸으로 죄를 지으며 사니, 몸이 죄에 푹 절어 죄에 중독되어 있는 것입니다.

술을 계속 마시면 몸속 알코올 농도가 높아져서 몸에 화학 변화가 일어납니다. 알코올 농도가 떨어지면 몸이 견디지 못하고 술을 목말라하는 것이지요. 몸이 음란이나 짜릿한 쾌락에 탐닉하게 되면, 몸이 주기적으로 그런 자극을 목말라합니다.

몸으로 죄를 허용하면 그것이 습관이 되며 강박이 되고 중독이 되는 것이지요. 몸이 죄를 짓지 않고는 견디지 못하는 지경에 이르는 것입니다. 마음으로 돌이켜 하나님을 섬기기 원해도 몸은 죄와 세상을 자꾸 목말라합니다. 몸이 말을 듣지 않지요.

몸을 죄로 더럽히면 몸이 성전의 기능을 하지 못합니다. 몸이 그리스도의 아름다운 성품과 형상을 드러내는 거울이 되지 못하지요. 몸이 생명수를 흘려 보내는 출구의 역할을 못 합니다. 대신 죄짓는 도구가 되어 죄를 계속 빨아들이는 입구가 되며, 우리 안에 가득한 죄를 계속 뿜어내는 출구가 됩니다.

이같이 성령이 충만하게 거해야 할 성전을 더러운 죄악을 쏟아내는 죄의 소굴로 만들면, 하나님께서 그 사람을 파괴하신다고 하셨습니다. 몸을 징계하십니다. 고통받게 하셔서, 회개하고 돌이켜 그 몸을 하나님을 거룩하게 섬기는 성전으로 삼고 살게 하십니다. 예수의 피로 정결하게 하여 하나님을 섬기는 의의 도구로 만든 몸을, 하나님의 뜻과는 정반대인 죄의 도구로 사용하니 몸이 고장 나는 것입니다. 그런 경우 회개하고 몸을 하나님께 헌신할 때 몸을 치유해 주시기도 합니다.

우리는 영혼과 마음으로만 하나님을 섬기는 것이 아니라 영혼과 육체가 하나가 된 영육 통일체로 하나님을 섬기는 것입니다. 술을 계속 마시는 사람의 몸이 술을 목말라하듯이 성령의 새 술을 맛본 육체가 그 술을 목말라하는 것이지요. 우리 몸이 은혜에, 성령의 새 술에 중독되어야 합니다. 거룩한 중독이지요.

그러면 몸에서 은혜의 농도가 떨어질 때 몸이 견딜 수 없게 됩니다. 몸이 죄짓지 않고는 견딜 수 없게 되는 것과는 반대로 은혜를 받지 않고는 견디지 못하게 됩니다. 그래서 마음뿐 아니라 몸이 하나님을 간절히 찾게 됩니다. 시편 기자는 내 영혼과 육체가 살아 계신 하나님을 갈망한다고 했습니다. 양식이 없어도 살 수 있지만, 은혜가 없이는 살 수 없는 몸이 되는 것이지요. 그래서 금식하면서까지 은혜를 구하는 것입니다.

신자의 몸은 영적으로 체질이 바뀌어야 합니다. 죄에 절어 중독되어 있던 몸이 은혜에 젖어 있는 몸으로 바뀌어야 하지요. 죄에 절어 있는 몸은 죄에 중독되어 있어 계속 죄를 빨아들입니다. 죄를 목말라하지요. 그러나 은혜에 젖어 있는 몸은 은혜에 목말라하니 은혜를 불러들입니다.

세상 속에 생수를 흘려 보내는 이동 성전

우리 육체 안에 사심으로써 그리

스도께서 그의 성품과 아름다운 형상을 나타내시는 것을 체험하기 원하나요? 우리 몸이 하나님의 영광으로 가득하며 생수가 흘러 나가는 성전이 되기를 원하나요? 그렇다면 죄로 더러워진 몸을 주님의 제단 위에 산 제물로 올려놓아야 합니다. "십자가 보혈로 몸의 죄를 정결하게 하시고, 성령의 불로 몸 안에 배어 있는 죄의 습성과 결박을 태워 주시고, 저를 자유롭게 하사 성령이 충만하게 거하는 성전이 되게 하소서" 하고 간절히 구해야 합니다.

황폐한 이 땅에 생수의 강이 흘러가게 하는 이들이 되기를 바랍니다. 주일 교회에서의 종교적인 행사와 일에만 익숙한 사람이 되어서는 안 됩니다. 세속의 한복판에서 성령과 동행하며 세상 구석구석에 성령의 생수를 공급하는 은혜의 통로 역할을 해야 합니다. 자꾸 교회와 종교적인 영역 안으로 도피해 들어가서는 안 됩니다. 교회에서 나타나는 놀랄 만한 종교적인 파토스pathos가 세속에는 아무런 영향을 미치지 못한 채 교회 안에서만 소모되는 것이 문제입니다. 지금 이 시대는 세속의 한복판에서 기독교 신앙의 진수와 영적인 실력을 보여주는 그리스도인들의 출현을 학수고대하고 있습니다.

신앙생활은 세상에서 하는 것입니다. 군인이 전쟁터에서

생명을 걸고 싸우다가 자대로 돌아와 쉬고 재충전하며 보급을 받듯이, 우리 교인들은 세상 속에서 치열하게 살다가 주일날 교회에 와서 안식하며 축제하고 영적으로 재충전하는 것입니다. 거기에 모이는 교회의 의미가 있습니다. 모이는 교회는 그 자체가 목적이 되어서는 안 되며, 흩어지는 교회로 나아가는 전초 기지로서의 역할을 해야 합니다. 모이는 교회는 세상 속에서 미션을 수행할 수 있는 에너지와 동력을 공급하는 영적인 발전소와 같은 기능을 해야 합니다.

냉혹하고 살벌한 경쟁 사회에서, 보냄을 받은 자로서의 미션을 능히 감당할 수 있는 유일한 비결은 세상보다 더 크신 이, 곧 부활의 주님으로 충만해지는 것입니다. 그러므로 목사들이 주일 강단에 올라가며 성령의 권능이 함께하기를 간절히 구하듯이, 교인들도 월요일 아침에 세상 속에 세워진 강단에 오르면서 성령으로 충만하기를 간절히 구해야 합니다.

십자가에서 흘러나오는 생수의 강

요한은 "예수께서 아직 영광을 받지 않으셨으므로 성령이 아직 그들에게 계시지 아니하시더라"(요 7:39)고 했습니다. 요한복음에서 주님께서 영광을 받으신다는 말은 주님의 구속 사역의 정점에 이르는 사건을 의미합니다. 곧 주님의 십자가 죽으심과 부활하심을 뜻합니다. 주님의 십자가와 부활로 인해 주님의 구속 사역이 완성되고, 주님의 영광이 가장 찬란하게 드러났습니다.

성령은 주님의 구속 사역이 완료되어야 그 대가로 우리에게 주어지는 선물입니다. 성령은 십자가와 부활을 통해 나타난 주님의 영광의 클라이맥스를 증거하는 영광의 영입니다. 성령은 영광을 받으신 주님의 얼굴빛을 우리에게 비추실 뿐 아니라, 영광을 받으신 주님께서 우리 안에 거하게 하십니다. 그래서 주님의 얼굴을 반영하는 얼굴을 찾게 하시고, 생수의 강이 흘러나오는 성전이 되게 하십니다.

성령의 생수를 마시기 위해 십자가보다 더 멀리 갈 필요가 없습니다. 십자가에 달리신 예수 그리스도의 옆구리에서 물과 피가 쏟아져 나오듯이 거기서 성령의 생수가 흘러나옵니다. 모세가 반석을 침으로 샘물이 솟아난 것처럼 하나님께서는 예수님을 진노의 막대기로 치심으로 샘물이 솟구쳐 나오게 하셨습니다.

주님이 십자가에서 목마르다고 절규하시며 하나님의 진노

와 저주를 감당하셨기에, 우리에게 영원히 목마르지 않는 생수가 주어진 것입니다. 아들의 보배로운 피를 흘려 우리를 하나님께서 거할 성전으로 삼으셨으니, 얼마나 우리를 성령으로 충만하게 하시기 원하실까요? 주님께서는 누구든지 목마르거든 내게 와서 마시라고 하셨습니다.

십자가에 달리신 예수의 옆구리에서 흘러나오는 생명수가 무수한 생수의 강을 이루어 역사 속에, 온 세상에 흐르고 있습니다. 그래서 만물을 새롭게, 충만하게 하고 있습니다. 우리도 이 생수의 강이 흐르는 통로가 되어 황폐한 이 땅의 많은 사람들에게, 그리고 자손 대대로 생명수를 공급하는 복된 인생을 살아야 합니다.

세상은 아직도 영광의 주님을 모신 이들의 삶이 얼마나 복되고 풍성하고 영광스러운지를 보아야 합니다. 우리가 몇 방울의 생수로 자기 영혼이 질식하는 것을 겨우 면할 정도의 빈곤한 신앙생활을 하면서도, 거기에 안주하여 아무 문제의식 없이 산다는 것은 참으로 안타까운 일입니다.

오순절에 성령으로 충만했던 제자들은 주님을 따르는 데 완전히 실패한 이들이었습니다. 제자들에게 그랬던 것처럼 성령 충만은 처절하게 실패한 이들에게 주어지는 하나님의 파격적인 선물입니다. 여기에 실패한 한국 교회의 유일한 희망이 있습니다. 십자가로 맺으신 영원한 사랑의 언약에 매달려 다시 한 번 주님의 자비와 긍휼을 구해야 할 때입니다.

주님께서 십자가에서 받으신 고난이 헛되지 않도록 우리를 성령으로 충만하게 하소서. 그래서 황폐한 이 땅에 생수의 강을 흘려 보내는 성전이 되게 하소서!

01_ 신구약 성경을 관통하는 주제인 생수의 강이 어떻게 예수 그리스도
와 신자 안에 성취되었는가?

02_ 요한복음 7장 말씀에서 예수를 믿는다는 것은 무엇을 의미하는가?

03_ 그리스도인이 생수의 강이 흘러나오는 이동 성전이라는 진리를 접
하며 받은 도전은 무엇인가?

04_ 성령으로 거듭나 성령이 신자 안에 내주함에도 성령의 생수가 밖으
로 흘러나오지 않는 이유는 무엇인가?

05_ 우리 몸을 하나님께 드렸는가?

06_ 세상을 향한 한국 교회의 시급한 미션은 무엇인가?

07_ 성령이 우리에게 임하게 된 유일한 근거는 무엇인가?